मुझे दिखा एक मनुष्य

मुझे दिखा एक मनुष्य

मंगलेश डबराल

वाणी प्रकाशन

वाणी प्रकाशन

4695, 21-ए, दरियागंज, नयी दिल्ली 110 002

फ़ोन : +91 11 23273167 फ़ैक्स : +91 11 23275710

शाखाएँ

अशोक राजपथ, पटना 800 004, बिहार

कॉफ़ी हाउस कैम्पस, महात्मा गांधी मार्ग, इलाहाबांद 211 001, उत्तर प्रदेश

महात्मा गांधी अन्तरराष्ट्रीय हिन्दी विश्वविद्यालय, वर्धा 442 001, महाराष्ट्र

सुल्तानिया रोड, मोतिया पार्क, भोपाल 462 001, मध्य प्रदेश

www.vaniprakashan.com
marketing@vaniprakashan.in
sales@vaniprakashan.in

Mujhe Dikha Ek Manushya
by Manglesh Dabral

ISBN : 978-93-5518-100-8
Poetry Collection

प्रथम संस्करण 2021

मूल्य : ₹ 250

आर. टेक ऑफ़सेट प्रिंटर्स, दिल्ली-110032 में मुद्रित

वाणी प्रकाशन का लोगो मक़बूल फ़िदा हुसेन की कूची से

कॉमरेड बी.आर. कौंसवाल
के लिए

अनुक्रम

ताक़त की दुनिया

ताक़त की दुनिया में जाकर मैं क्या करूँगा
मैं सैकड़ों हज़ारों जूते–चप्पल लेकर क्या करूँगा
मेरे लिए एक जोड़ी जूते ही ठीक से रखना कठिन है
हज़ारों लाखों कपड़ों–मोज़ों–दस्तानों का मैं क्या करूँगा
उन्हें पहनने का हिसाब रखना असम्भव ही होगा
मैं इतने सारे कमरों का क्या करूँगा
यह दुनिया घर है कोई होटल नहीं
और मेरी नींद का आकार
हद से हद एक चिड़िया के बराबर है
मैं सिक्कों पर अपना नाम और चेहरा क्यों खुदवाऊँगा
मैं जानता हूँ बाज़ार से बाहर उनका कोई मोल नहीं है
मैं क्यों बनवाऊँगा कोई मन्दिर–मस्जिद–गिरजा या
ऐसा ही कुछ
मुझे पता है वहाँ कोई ईश्वर नहीं रहता
मैं क्यों जमा करूँगा इतने टोप–तमग़े–छाते इतने घोड़े–कुत्ते
हीरे–मोती इतना हरबा–हथियार ऐसे–ऐसे जहाज़
मैं क्यों रहने जाऊँगा चाँद पर
वह मुझे धरती से ही दिखाई देता है बहुत सुन्दर
तीन डग में ही मैं क्यों नाप लूँगा तीन लोक
सब कुछ छीनकर किसी को क्यों भेजूँगा पाताल
मैं क्यों क़ब्ज़ा करूँगा इस धरती पर

किसी को ज़रूरत हुई तो दे दूँगा उसे जो भी होंगे
मेरे खेत–खलिहान
मैं कोई दरिन्दा नहीं जो किसी धरती पर बम गिराने
चला जाऊँगा
मैं मनुष्य हूँ
तेल पीते और ख़ून चूसते हुए क्यों बिता दूँगा अपना जीवन

2006

सोने से पहले

सोने से पहले मैं समेटता हूँ सुबह के अख़बार
परे खिसका देता हूँ दिन भर की सुर्ख़ियाँ
मैं याद नहीं रखना चाहता अत्याचार की तारीख़ों
और हत्यारे दिनों को
मैं नहीं जानना चाहता कितना रक्त बहाकर
बनाये जा रहे हैं राष्ट्र
मैं औंधी कर देता हूँ तमाम तस्वीरें
जिनमें एक पुल ढह रहा है सिसकियाँ उठ रही हैं
एक चेहरा जान बख़्श देने की भीख माँग रहा है
एक आदमी कुर्सी पर बैठा अट्टहास कर रहा है

क्या रात भर मुझे घूरता रहेगा एक तानाशाह
रात भर चलते हुए मुझे दिखेंगे घरों से बेदख़ल
एक अज्ञात उजाड़ की ओर जाते परिवार
क्या रात भर मेरा दम घोंटता रहेगा
धरती का बढ़ता हुआ तापमान
दिमाग़ में दस्तक देता रहेगा बाज़ार
सोने से पहले मैं किताबें बन्द कर देता हूँ
जिनमें पेड़ पहाड़ मकान मनुष्य सब काले सफ़ेद
अवसाद में डूबे हैं
और प्रेम एक उजड़े हुए घोंसले की तरह दिखाई देता है

सोने से पहले मैं तमाम भयानक दृश्यों को बाहर खदेड़ता हूँ
और खिड़कियाँ बन्द कर देता हूँ
सिगरेट बुझाता हूँ टेलीफ़ोन का चोग़ा हटा देता हूँ
चप्पलें खिसका देता हूँ पलँग के नीचे
सोने से पहले मैं एक गिलास पानी पीता हूँ
और कहता हूँ पानी तुम बचे रहना
एक गहरी साँस लेता हूँ
और कहता हूँ हवा तुम यहाँ रहो मेरे फेफड़ों और
दीवारों के बीच
सोने से पहले मैं कहता हूँ
नींद मुझे एक रात दो दुःस्वप्न के बग़ैर

2006

छुओ

उन चीज़ों को छुओ जो तुम्हारे सामने मेज़ पर रखी हैं
घड़ी क़लमदान एक पुरानी चिट्ठी
बुद्ध की प्रतिमा बर्तोल्त ब्रेष्ट और चे ग्वेरा की तस्वीरें
दराज़ खोलकर उसकी पुरानी उदासी को छुओ
एक ख़ाली काग़ज़ को छुओ शब्दों की अँगुलियों से
वान गॉग की पेंटिंग के स्थिर जल को एक कंकड़
की तरह छुओ[1]
जो उसमें जीवन की हलचल शुरू कर देता है
अपने माथे को छुओ और देर तक उसे थामे रहने में
शर्म महसूस मत करो
छूने के लिए ज़रूरी नहीं कोई बिल्कुल पास में बैठा हो
बहुत दूर से भी छूना सम्भव है
उस चिड़िया की तरह दूर से ही जो अपने अण्डों को
सेती रहती है

कृपया छुएँ नहीं या छूना मना है जैसे वाक्यों पर
विश्वास मत करो
यह लम्बे समय से चला आ रहा एक षड्यन्त्र है
तमाम धर्मगुरु ध्वजा–पताका–मुकुट–उत्तरीयधारी
बमबाज़ जंगख़ोर सबको एक–दूसरे से दूर रखने के पक्ष में हैं
वे जितनी गन्दगी जितना मलबा उगलते हैं

---

1. जापानी फ़िल्मकार अकीरा कुरोसावा की फ़िल्म 'ड्रीम्स' का एक अंश।

उसे छूकर ही साफ़ किया जा सकता है
इसलिए भी छुओ भले ही इससे चीज़ें उलट–पुलट हो जायें
इस तरह मत छुओ जैसे भगवान महन्त मठाधीश भक्त चेले
एक दूसरे के सर और पैर छूते हैं
बल्कि ऐसे छुओ जैसे लम्बी घासें चाँद–तारों को
छूने–छूने को होती हैं[1]
अपने भीतर जाओ और एक नमी को छुओ
देखो वह बची हुई है या नहीं इस निर्मम समय में।

2006

1. शमशेर बहादुर सिंह की एक कविता पंक्ति।

न्यू ऑर्लियंस में जैज़

शराब की जो बोतलें अमेरिका में भरी हुई दिखी थीं
वे यहाँ ख़ाली और टूटी हुई हैं
सड़कों के किनारे बिखरे हुए नुकीले काँच और पत्थर
जैज़ जैज़ जैज़ एक लम्बी कठिन अछोर गली
दोनों तरफ़ गिलासों के जमघट उनमें काँपती है शराब
उसमें अपनी तकलीफ़ को रोटी की तरह डुबोकर
खाते हैं लोग
गोरा होटल का मैनेजर कहता है उधर मत जाइये
वहाँ बहुत ज़्यादा अपराध हैं
यहाँ के टूरिस्ट निर्देशों को ग़ौर से पढ़िये
अमेरिका के पाँच सबसे हिंसक शहरों में हैं न्यू ऑर्लियंस[1]

चन्द्रमा अपने सारे काले बेटे यहाँ भेज देता है
रात अपनी तमाम काली बेटियाँ यहाँ भेज देती है
यहाँ तारे टूट कर गिरते हैं और मनुष्य बन जाते हैं
जैज़ जैज़ जैज़ नशे की एक नदी है मिसीसिपी
फ़्रेंच क्वार्टर में तीन सौ साल पहले आये थे गुलाम
अफ़्रीका से भैंसों की फ़ौज की तरह लाये हुए
जैसे ही कोड़ों की मार कुछ कम होती ज़ंजीरें कुछ ढीली होतीं
वे फिर से करने लगते गाने और नाचने का अपना प्रिय काम

---

1. अमेरिकी अश्वेतों का शहर न्यू ऑर्लियंस जैज़ का जन्मस्थल है, जो 2005 में आये समुद्री तूफ़ान में तहस–नहस हो गया।

उन्हें हुक्म दिया जाता मेज़ पर नहीं रसोईघरों में खाओ[1]
वे हँसते हुए जाते खाते और नाचते
एक चतुर–क्रूर सभ्यता के लिए उन पर शासन करना
कितना कठिन
उनके लिए बने सारे नियम और वे तोड़ते रहे सारे नियम
आते और जाते हैं कितने ही अत्याचारी
फ़्रांसीसी स्पानी अमेरिकी इन्सानों के ख़रीदार समुद्र से
उठते हुए कितने ही तूफ़ान
हरिकेन बेट्सी रीटा कैटरीना
तब भी प्रेम की तलाश ख़त्म नहीं होती इस दुनिया में
जहाँ हर चीज़ पर डॉलर में लिखी हुई रहती है उसकी क़ीमत
जब क्लैरिनेट के रन्ध्रों से अँधेरा बह रहा था
ट्रम्पेट के गले से रुँधी हुई कोई याद बाहर आ रही थी
सेक्सोफ़ोन के गहरे स्वर नदी पर घुमड़ रहे थे
एक ट्रोंबोन चमक रहा था शहर के दिल की तरह
मुझे दिखा एक मनुष्य काला वह ब्रेड खा रहा था
हँस रहा था बढ़ रहा था मेरी तरफ़ हाथ मिलाने के लिए
उसके मुँह में तारे चमकते थे
उसे बुलाती हुई दूर से आयी एक स्ट्रीटकार
उसका नाम था डिज़ायर[2]
दूर एक होटल में टूरिस्टों का इन्तज़ार कर रहा था
गोरा मैनेजर।

2005

---

1. प्रसिद्ध अश्वेत कवि लैंग्स्टन ह्यूज़ की एक कविता पंक्ति।
2. टेनेसी विलियम्स का प्रसिद्ध नाटक अ स्ट्रीटकार नेम्ड डिज़ायर। यह ट्राम अब भी न्यू ऑर्लियंस में चलती है।

पुरानी तस्वीरें

पुरानी तस्वीरों में ऐसा क्या है
जो जब दिख जाती हैं तो मैं ग़ौर से देखने लगता हूँ
क्या वह सिर्फ़ एक चमकीली युवावस्था है
सिर पर घने बाल नाक–नक़्श कुछ कोमल
जिन पर माता–पिता से उत्पन्न होने का आभास बचा हुआ है
आँखें जैसे काफ़ी दूर और भीतर तक देखने की
उत्सुकता से भरी हुई
बिना प्रेस किये हुए कपड़े उस दौर के
जब ज़िन्दगी ऐसी ही सलवटों में लिपटी हुई थी

इस तस्वीर में मैं हूँ अपने वास्तविक रूप में
एक स्वप्न सरीखा चेहरे पर अपना हृदय लिये हुए
अपने ही जैसे बेफ़िक्र दोस्तों के साथ
एक हल्के बादल की मानिन्द जो कहीं से तैरता हुआ आया है
और क्षणभर के लिए एक कोने में टिक गया है
कहीं कोई कठोरता नहीं कोई चतुराई नहीं
आँखों में कोई लालच नहीं
यह तस्वीर सुबह एक नुक्कड़ पर एक ढाबे में चाय पीते
समय की है
उसके आसपास की दुनिया भी सरल और मासूम है
चाय के कप नुक्कड़ और सुबह की ही तरह

ऐसी कई तस्वीरों का एक एलबम है
जिसे मैं कभी–कभी रख देता हूँ घर आये मेहमान के आगे

और अब यह क्या है कि मैं तस्वीरें खिंचवाने से कतराता हूँ
खींचने वाले से कहता हूँ छोड़ो
मेरा चेहरा अच्छा नहीं आता मैं सतर्क हो जाता हूँ
जैसे एक आईना सामने रख दिया हो
सोचता हूँ क्या यह कोई डर है कि मैं पहले जैसा नहीं दिखूँगा
शायद मेरे चेहरे पर झलक उठेगी इस दुनिया की कठोरता
और चतुराई और लालच
जिनकी तस्वीरें इन दिनों ख़ूब दिखाई देती हैं
और जिनसे लड़ने की कोशिश में
मैं अपनी पुरानी तस्वीरें उठा लेता हूँ
और कभी–कभी लगता है मैं इनमें लौट सकता तो
कितना अच्छा होता।

2007

यह नम्बर मौजूद नहीं

दिस नम्बर डज़ नॉट एग्ज़िस्ट
जहाँ भी जाता हूँ जो भी फ़ोन मिलाता हूँ
अक्सर एक बेगानी–सी आवाज़ सुनाई देती है
दिस नम्बर डज़ नॉट एग्ज़िस्ट यह नम्बर मौजूद नहीं है
कुछ समय पहले इस पर मिला करते थे बहुत से लोग
कहते आ जाओ हम तुम्हें पहचानते हैं
इस अन्तरिक्ष में तुम्हारे लिए भी लगा दिया है एक बिस्तर

लेकिन अब वह नम्बर मौजूद नहीं है
वह कोई पहले का नम्बर था
उन पुराने पतों पर बहुत कम लोग बचे हुए हैं
जहाँ आहट पाते ही दरवाज़े खुल जाते थे
अब घण्टी बजाकर कुछ देर सहमे हुए बाहर
खड़ा रहना पड़ता है
और आख़िरकार जब कोई प्रकट होता है
तो मुमकिन है उसका हुलिया बदला हुआ हो
या वह कह दे मैं वह नहीं हूँ जिससे तुम बात करते थे
यह वह नम्बर नहीं है जिस पर तुम सुनाते थे अपनी तकलीफ़

जहाँ भी जाता हूँ देखता हूँ बदल गये हैं नम्बर नक़्शे चेहरे
नाबदानों में पड़ी हुई मिलती हैं पुरानी डायरियाँ
उनके नाम धीरे–धीरे पानी में धुलते हुए

अब दूसरे नम्बर मौजूद हैं पहले से कहीं ज़्यादा तार–बेतार
उन पर कुछ दूसरी तरह के वार्तालाप
महज़ व्यापार महज़ लेनदेन की आवाज़ें लगातार
अजनबी होती हुई
जहाँ भी जाता हूँ हताशा में कोई नम्बर मिलाता हूँ
उस आवाज़ के बारे में पूछता हूँ जो कहती थी
दरवाज़े खुले हुए हैं तुम यहाँ रह सकते हो
चले आओ थोड़ी देर के लिए यों ही कभी भी इस अन्तरिक्ष में।

2006

क़िले के भीतर

(कुछ क़िलों को देखने की स्मृति)

तलवारें ढालें बन्दूक़ें बरछियाँ सब शीशों के भीतर चली गयी हैं
पालकियाँ पालने बिस्तर जैसे किसी विशाल क़ब्र के ऊपर रखे हुए हैं
दर्शक चुपचाप धीरे–धीरे गुज़र रहे हैं
वे किसी चीज़ को छेड़ते छूते उठाते नहीं
धारदार भाषा में बोलते हुए गाइड से कोई सवाल नहीं पूछते
वरना राजा कभी भी तलवार उठा सकता है
युद्ध छेड़ सकता है अपने ही भाइयों के ख़िलाफ़
दर्शकों को क़िले की दीवारें ऊँची करने का हुक्म दे सकता है
या पालकी पर जोत सकता है
लेकिन अब वह तस्वीरों में बैठा हुआ है पगड़ी और मूँछों समेत
दर्शक इसीलिए निश्चिन्त हैं उन्हें कोई डर नहीं
तलवारें बुझ चुकी हैं बन्दूक़ें ख़ामोश हैं

औरतें यहाँ कैसे रहती होंगी यह जानना बेकार है
उनके चारों तरफ़, लगे हुए आईने अब भी साबुत हैं
इनमें वे अपने को दुगुना–तिगुना अनगिनत होते हुए देखती थीं
ख़ुद पर ही हँसती गिरती पड़ती रहती थीं
यह उनका सौभाग्य है कि वे स्वाभाविक तरीक़े से मरीं
और अब तस्वीरों में बैठी हुई हैं

वरना वे कभी भी विधवा हो सकती थीं
एक राजसी चिता में कूदकर राजा के साथ जल सकती थीं
उनकी आँखें लगातार दर्शकों का पीछा करती हैं
जैसे चाहती हों वे उनके पास आकर कुछ देर खड़े रहें
उन्हें निहारें
और यह भरोसा दिलायें कि युद्ध बन्द हो चुका है

लेकिन तमाम शासकों का इतिहास इस तरह बनता है
कि लड़ाई चलती रहती हैं
कँगूरे परकोटे हथियारख़ाने अस्तबल बनते रहते हैं
आते रहते हैं अकाल अनाज के नमक के पानी के
प्रजाजन गिरते पड़ते घिसटते आते हैं
और राजा का क़िला बनाने में जुट जाते हैं
नींव में एक मासूम का रक्त बहता है और दीवारें उठती हैं
और फिर ख़ूब रोशनी होती है चारों ओर
इतिहास के ऊपर बहुत से बल्ब चमकने लगते हैं
एक विशाल क़ब्र एक भव्य संग्रहालय की तरह दिखता है
तब भी अँधेरा भागता नहीं
और राख के रंग के वे गिद्ध उड़ कर कहीं नहीं जाते
जो क़िले के जन्म से ही कँगूरों के साथ एकाकार बैठे हुए हैं।

2006

शहर के एकालाप

एक

इस नगर के धोखों से भरे चौराहों पर
बिना बात हॉर्न बजाती हुई लम्बी–चौड़ी कारें गुज़रती हैं
उनके भीतर बैठे सवार बाहर के संसार को
तिरस्कार से देखते हैं
मोटरसाइकिलों पर प्रेमिकाओं को बिठाये हुए नौजवान
कलाबाज़ियाँ दिखाते भागते हैं
आसमान में आते–जाते हैं विशालकाय हवाई जहाज़
अन्तरराष्ट्रीय दैत्यों देवताओं और मनुष्यों को ढोते हुए

नाबदानों और सड़ते हुए नालों पर पुल बनाती हुई
नयी–नवेली मेट्रो रेल तेज़ी से चली आती है
बस स्टॉप तमाम आधुनिक बना दिये गये हैं
उनके ऊपर आरामदेह घरों–इमारतों के विज्ञापन चमकते हैं
जिन्हें बनाया जा रहा है अप्रत्याशित तेज़ी के साथ
नीचे बैठे हुए दिखते हैं लोग पहले से कहीं अधिक बेज़ार
टूटी–फूटी ठसाठस भरी बसों के लिए
पहले से कहीं लम्बा इन्तज़ार करते हुए

आधी रात के बाद कभी–कभी
अक्सर चौराहों पर चक्कर खाते हुए लोग दिखते हैं
जो अपने ठिकानों पर पहुँच नहीं पाते
वे दूरदराज़ से आये हुए अजनबी हैं

हालाँकि वे लम्बे समय से यहाँ रह रहे हैं
लेकिन जब भी देखो लगता है वे पहली बार आये हैं।

दो

आधा शहर नाक पर रूमाल रखकर पार करना पड़ता है
आधा शहर कम–से–कम कपड़ों में आपका स्वागत करता है
आधा शहर त्वचा और देह है आधा रेत और राख है
आधा शहर रात में दिन है आधा शहर दिन में रात है
आधा शहर भीषण खानपान है आधा शहर गहरा नाबदान है
आधा शहर धमनियों में दौड़ती हुई शराब है
आधा शहर थूक बलग़म और पेशाब है
आधा शहर रोशनी का पुल है आधे शहर की बत्ती गुल है
आधा शहर अमेरिका को सलाम ठोंकता है
आधा शहर बीमार कुत्ते की तरह रिरियाता–भौंकता है
आधा शहर अपने स्वर्ग से कचरा गिराता है
आधा शहर उसे थामता छानता बीनता धोता पोंछता चमकाता
फिर से उसे स्वर्ग पहुँचाता है।

तीन
(वीरेन डंगवाल के अन्दाज़ में)

जिन्होंने सालों–साल बनाया तुमको मिहनत से
उन अन्धी झोंपड़ियों को भी दे दो अपने कुछ बिजली के लट्टू
तुम जो रात भर रोशनी में नहा रहे हो
अरे अक्षरधाम के अड़ियल टट्टू।

2007

धुआँ

यह सिर्फ़ उसे पता चल पाता है जो बाहर से आता है
मैं तो रहता हूँ ज़्यादातर भीतर
उड़ाता पीता उगलता हुआ धुआँ
धुएँ से घिरा कागज़ पर झुका हुआ
धुआँ तम्बाकू का ख़यालात और उधेड़बुनों का
और वह ज्वालामुखी जो मेरा दिल था
उसका भी कुछ बचा हुआ
जो बाहर से भीतर आता है वही डपटता है मुझको
कहता अरे तुम कैसे रह लेते हो
इतनी तीखी गन्ध तुम्हारे भीतर ऐसा घना धुआँ।

सपने में रुपये

एक रात भूल से मैंने कुछ रुपये रख दिये तकिये के नीचे
और सो गया
सपने में वे उठकर उड़ने लगे चारों ओर
नींद के आसमान में गुब्बारों की तरह
चलता ही रहा उनका अनोखा नृत्य
दिखा एक बड़ा–सा हॉल
जहाँ मनाया जा रहा था किसी बाज़ार का जन्मदिन
चमकते हुए सिक्के जलता–बुझता प्रकाश बेतहाशा खानपान
पुरुष पहने हुए थे डॉलर पाउंड येन यूरो के कोट
स्त्रियाँ जैसे सिर्फ़ त्वचा से ख़ुद को ढँके हुए हों
उनके वस्त्रों की प्रशंसा करते घूमते थे लोग

मैंने चुपके से एक सिक्का उठाया और निगल लिया
यह सोचकर कि वह कोई स्वादिष्ट चीज़ है
तभी से वह फँसा है मेरे हलक़ में
सपने से मैं जागता हूँ कराहता हुआ।

2006

इन सर्दियों में

पिछली सर्दियाँ बहुत कठिन थीं
उन्हें याद करने पर मैं सिहरता हूँ इन सर्दियों में भी
हालाँकि इस बार दिन उतने कठोर नहीं

पिछली सर्दियों में चली गयी थी मेरी माँ
खो गया था मुझसे एक प्रेमपत्र छूट गयी थी एक नौकरी
रातों को पता नहीं कहाँ–कहाँ भटकता रहा
कहाँ–कहाँ करता रहा टेलीफ़ोन
पिछली सर्दियों में
मेरी ही चीज़ें गिरती रहती थीं मुझ पर

इन सर्दियों में निकालता हूँ पिछली सर्दियों के कपड़े
कम्बल टोपी मोज़े मफ़लर
देखता हूँ उन्हें ग़ौर से
सोचता हुआ बीत गया है पिछला समय
ये सर्दियाँ क्यों होंगी मेरे लिए पहले जैसी कठोर।

2006

दिल्ली दिसम्बर

दिन–भर के दृश्य सभी सहसा धुँधले हैं
भूरी–सफ़ेद परत के नीचे चीज़ें कुछ सुन्दर दिख जाती हैं
एक धुन्ध की झील जिसमें तुम चल सकते हो
किसी अतल में गिर सकते हो
मुँह के भीतर कुछ भूरापन रख सकते हो
कोई याद गले में अटकी रह जा सकती है
दिल्ली तुम उतनी बुरी नहीं हो
तुम्हारे हृदय में भी कुछ कोहरा बचा हुआ है।

2006

जीवन का पाठ

एक मीठे फल की तरह जो भीतर से कड़वा होता है
या एक कड़वे फल की तरह जो भीतर से मीठा होता है
कोहरे की तरह जिसमें बचपन घुला हुआ है
एक तेज़ शराब की तरह
जिसे पीकर तुम अजनबी छायाओं के साथ भी
दूर तक चले जाते हो

ऐसा ही है जीवन का स्वाद
और तुम्हारे भीतर जितने भी लोग हैं
वे बाहर भी किसी चौराहे किसी मोड़ पर झलक उठते हैं
तुम जब कुछ बोलते हो
तो उसमें किसी पुराने दोस्त की आवाज़ होती है
तुम्हारे चलने में बहुत से परिचितों के क़दम दिखाई देते हैं
कभी अपने दादा की तरह हकलाते हो
पिता की तरह किसी बात पर ख़ामोश हो जाते हो
रोते हो संसार में अकेले भेज दिये बच्चे की तरह
या मुस्कराते हो किसी स्त्री की तरह
जिसे प्रेम ने छूकर फूल की तरह खिला दिया हो
कभी घायल की तरह पड़े रहते हो एक ऐसे युद्ध में
जिसे शुरू करने वाले अपने घरों को लौट चुके हैं
कई बार तुमसे अछूत की तरह बचने की कोशिश की गयी

कई बार तुम पलटकर मर्मभेदी निगाह से देखते रहे
जैसे शिकार अपने शिकारी को देखता है

तुम रातभर जागते हो
और सुबह रोटी की शक्ल में तुम्हारे हाथों में पहुँच जाती है
तुम बाज़ारों में जाते हो
और सिक्के के दोनों रुख देख लेते हो
यथार्थ दिखता है बहुत ज़्यादा यथार्थ ज़्यादा नग्न ज़्यादा क्रूर
स्वप्न दिखता है बहुत ज़्यादा स्वप्न यथार्थ को ढँकता हुआ
तुम्हारे पास कई फ़ालतू चीज़ें जमा हैं
घिसी हुई पेंसिलें रफ़्तार से निकले हुए छोटे पहिये
अपने समय से अलग हो चुके घड़ी के काँटे
या पुराने तार जो पता नहीं कहाँ–कहाँ रोशनी पहुँचाते रहे
यह इसलिए है कि वे अब भी ज़रूरी हैं
उनका जीवन ख़त्म नहीं हुआ है
कभी तुम कुछ करना चाहते हो जैसा पत्तियाँ करती हैं
जब वे दिन की रोशनी में पेड़ के लिए भोजन
और दुनिया के लिए रंग बनाती हैं
तुम एक हाथ में तारा और दूसरे हाथ में पत्थर उठा सकते हो
और उन्हें आपस में टकराने की सोच सकते हो।

दुख का पाठ

उसे पकड़ पाना आसान नहीं है
वह अक्सर छिप जाता है जहाँ भी जगह मिले
ज़रा से अँधेरे में धूल की पतली परत में
कभी सुख के चमकते घर में ही पलँग पर अदृश्य लेटा रहता है
हम जो भी शब्द लिखते हैं वह तुरन्त उसे अपनी ओट
बना लेता है
और हम समझ नहीं पाते कि दो शानदार पंक्तियों के बीच
अचानक यह कौनसा अँधेरा है
उसे इमारतों और शहरों के पिछवाड़े पसन्द हैं
वह सुख की तुलना में कहीं ज़्यादा तेज़ और उलटी
दिशा में चलता है
जगह–जगह अपने रूमाल छोड़ देता है जो भीगे हुए
और भूल से छूटे हुए से लगते हैं

तोल्स्तोय बहुत पहले लिख चुके हैं
कि तमाम सुखी परिवार एक ही ढंग से सुखी होते हैं
और हर दुखी परिवार अपने ढंग से दुखी होता है
और उसे पहचानने के लिए भी कितना लम्बा जीवन
जीना पड़ता है
कितनी त्रासदियाँ अंजाम देनी होती हैं
तब भी जब वह नहीं दिखता तो उसे ईजाद करना होता है

जो उसे ईजाद नहीं कर पाते वे उसे देख भी नहीं पाते
क्योंकि सोचना देखने की पहली अनिवार्य शर्त है

तुम भीषण दुख में हो यह बात सिर्फ़ तुम्हें पता है
वह अकेला अद्वितीय और दूसरे तमाम दुखों से बड़ा है
तुम कोई एकान्त खोजते हो कोशिश करते हो
कि तुम्हारी आँखों से दो बूँद आँसू गिरें
गालों से होते हुए तुम्हारे होंठों और जीभ तक चले आयें
और इस तरह एक विकट मानवीय स्थिति
काल के भीतर कहीं व्यक्त हो सके
और जब सचमुच ऐसा दुर्लभ क्षण आता है तो तुम
आँखें पोंछ देते हो
बिना यह जाने हुए कि यह लालची सतही सुखों पर
दुख की विजय है
एक नये संसार की सम्भावना।

ख़ुशी का पाठ

वह इन दिनों पहले से कहीं ज़्यादा साफ़ और सुन्दर
दिखाई देती है
उसके दाँत जगह–जगह चमकते हैं
लोग बार–बार बाज़ार जाते हैं ख़रीदते रहते हैं
एक बड़े से हॉल में सजी हुई मेज़ों के इर्द–गिर्द
इन्तज़ार करते हैं
कि कब सनसनाते हुए व्यंजन आयें कब तालियाँ बजें और
तस्वीरें खिंचें
कब लतीफ़े शुरू हों कब शराब के समुद्र में रक्त का द्वीप
तैरता हुआ दिखे
वह पुराना दृश्य जिसमें एक हाथ गिलास और दूसरा हाथ
क़बाब थामे हुए है
इन दिनों बार--बार दुहराया जाता है
दो ताक़तवर शत्रु आपस में हाथ मिलाते
कभी–कभी गलबहियाँ डाले हुए कहते हैं
आपसे मिलकर ख़ुशी हुई

ख़ुशी मनुष्य का ख़ून बढ़ाती है व्यवसाय बढ़ाती है
उम्र बढ़ाती है
अपनी देह को एक पार्टी से दूसरी पार्टी में ले जाती है
उसका मुँह हर समय मिठास से भरा हुआ है
इतना शहद कि वह कहीं भी चिपक जाता है

उसके नीचे दब गये हैं दूसरे तमाम स्वाद
कहीं गहरे डूबा है निराशा का नमक भीतर घुट रही है
क्रोध की कड़वाहट पड़े–पड़े सड़ रहा है ऊब का बासीपन
भीतर ही भीतर तैर रही है नफ़रत की खटास
अन्त में जब बहुत रात हो जाती है दरवाज़े खुलते हैं
तमाम स्वाद बाहर आते हैं
तो ख़ुशी बौखला उठती है
वमन करने लगती है अन्धकार में संसार को कोसने लगती है

ख़ुशी के सौदागरो अब और मत पछताओ
कुछ खट्टा चरपरा तीखा कड़वा कसैला कुछ बासी
बेस्वाद खाकर आओ।

प्रेम का पाठ

वह कई सभ्यताओं को लाँघती हुई आयी है
और तुम्हारे बिल्कुल पास बैठी हुई है
उसकी घनी छाया में तुम एक छोटे से बच्चे की तरह हो
वह अपनी आँखों के भीतर की आँखों से तुम्हें देखती है
अपने होंठों के भीतर के होंठों से तुम्हें छूती है
किसी ऐतिहासिक रात की तरह फैले हुए उसके केश
तुम्हें अपनी शान्त कोमल गोद में ले लेते हैं
उसके भीतर बहती हुई नदी तुम्हारी रेत में बहने लगती है
उसके आँसुओं का नमक तुम्हारे भीतर रहने चला आता है
वह तुम्हें अपने शब्द सौंपती है ताकि तुम पूरे वाक्य बना सको
अपनी साँस को तुम्हारी साँस में घुला देती है
तुम्हारी आवाज़ में बोलने तुम्हें अपनी शक्ल में ढालने लगती है
क्योंकि मनुष्य को जन्म देने का यही तरीक़ा है

लेकिन यह क्या
तुम बहुत पहले जन्म ले चुके हो अब बहुत देर हो गयी है
दुनिया की सख़्ती तुम्हारे भीतर प्रवेश कर चुकी है
समय के तेज़ औज़ार तुम्हारी आत्मा को घिसकर
गोल कर चुके हैं
बाहर निकलते ही तुम एक कवच पहन लेते हो
एक छाता तान लेते हो
और एक किनारे पर खड़े हो जाते हो

तुम्हें हर आवाज़ किसी दूसरे किनारे से आती हुई लगती है
हर संकेत किसी दूसरे आसमान से आता हुआ दिखता है
हर उपस्थिति किसी अपरिचित सभ्यता की आहट लगती है
और अगर तुम सिर्फ़ घायल की तरह धूप में भटकते हो
तो इसका अर्थ यही है कि तुम कोई छाया खोज रहे थे
पानी का कोई स्रोत खोज रहे थे कोई रात खोज रहे थे।

2006

अच्छाई का पाठ

अच्छाई से अच्छा कुछ भी नहीं
सो तुम हर वक़्त अच्छाई की कोशिश करते रहे
इस तरह एक दिन इतिहास में दाख़िल हो गये
मसलन तुम किसी बड़े ख़्वाब के लिए ज़िन्दा रहे
जो हक़ीक़त की चोटों से घायल होता रहा
इसीलिए चलता चला आ रहा है अभी तक
तुमने थोड़ी मदद की और न कर पाये तो परीशाँ हुए
कहीं कोई हादसा हुआ तो वह तुम्हें ख़ुद से गुज़रा हुआ लगा
और जब तुमने रुखाई से कुछ कहा तो तुम्हें
कितना पछतावा हुआ
प्यार में तुम किसी करिश्मे का इन्तज़ार करते रहे
सितमगरों का साथ नहीं दिया पैसे की ख़ातिर
ख़याल बदले नहीं
कभी ताक़त की दहलीज़ तक गये तो अपने को बद्दुआ दी
आदमख़ोरों को भी तुम हैरत से देखा किये
कि आख़िर हमीं से कुछ हुआ है कि वे ऐसे हो गये
अक्सर अपने भीतर झाँका किये कहीं कोई गड़बड़ तो नहीं
तुम्हारा अकेला ज़मीर कहता रहा ग़लत–ग़लत सही–सही

इसमें क्या ख़ासियत यह तो है किसी भी
इन्सान का सामान्य वर्णन
सामान्य बातें भी मगर इन दिनों हो चली हैं कितनी कठिन।

2060

पार्क में सुबह

औरतें शर्तिया ज़्यादा जियेंगी
वे तल्लीन होकर हवा को चीरती हुई चल रही हैं
सुबह के छोटे–छोटे फूल चुन रही हैं
घूमते हुए वे बातें नहीं करतीं
नरम घास पर अपने दुखों का चिट्ठा नहीं खोलतीं
धीरे से झाड़ियों की ओर जाती हैं उनकी ओस
आँखों पर मलती हैं
ताकि चीज़ें ज़्यादा अच्छी तरह दिख सकें
और फिर बेंचों पर बैठ जाती हैं
झाड़ियों फूलों पत्तियों हवाओं की तरह

मर्द जियेंगे कम उम्र
पार्क में उनके आकर्षण की कोई ख़ास चीज़ नहीं है
इतना सारा हरा रंग लेकर वे क्या करेंगे
इतने छोटे फूल उनके किस काम के हैं
वे चक्कर काटते हैं
तेज़ बोलते हैं कसरत करते हैं जैसे यह एक बड़ा काम हो
अक्सर उनकी आवाज़ में सुनाई देता है पैसे का लेनदेन
और जब वे हड़बड़ी में
ज़ोरों से फाटक खोलते हुए बाहर आते हैं
तो इस तरह जैसे पेड़ उखड़कर चले आ रहे हों पार्क से।

पशु पक्षी कीट पतंग

उन दिनों जब लगातार मनुष्यों के मारे जाने की ख़बर थी
कोई ख़ता नहीं की हमने तब भी बख़्श दो बख़्श दो
ऐसा ही कुछ कहते लोग दिखते थे
मार दो–मार दो कहते हुए लोगों के सामने
और मैं अकेला था रात में
सहसा दिखे मुझे भूले–बिसरे पशु पक्षी कीट और पतंग
दिखाई दीं बचपन के घर की पुरानी तीन बिल्लियाँ
जो सिर्फ़ खाने के वक़्त दिखती थीं साथ–साथ
एकटक देखती हुईं मेरी दादी का हाथ
उसकी मृत्यु के बाद एक–एक कर पता नहीं कहाँ हुईं वे लोग

कितने दिन बाद दिखा एक मेढक सड़क पार करता हुआ
वह धीरे–धीरे छलाँगें भरता था
ट्रैफ़िक के शोर और रफ़्तार की बगल में
बचने की कोशिश करता
सन्नाटे में कुछ सरीसृप ज़मीन के नीचे सरकते दिखे
बस स्टॉप पर इन्तज़ार करते लोगों के सर पर
मँडराते थे मच्छरों के झुण्ड
किराये के घर के बारजे पर बैठा था एक जोड़ा कबूतर
उड़ाने पर भी नहीं उड़ता था जैसे वही हो उसका घर
और एक भारी–सी छलाँग थी हवा में
जैसे आग लगने पर जंगल से कूदता हो कोई भालू बाघ हिरन

बेशुमार झींगुरों की आवाज़ थी पूरी रात
जैसे वे रहने आ गये हों मेरे कानों के भीतर
छोटे–छोटे कीड़े जो पता नहीं कहाँ से चले आये थे
और कहाँ जा रहे थे हरा नीला लाल उनका रंग दमकता हुआ
और उनके साथ गतिशील छोटे–छोटे पेड़ वनस्पति
उन पर निश्चिन्त सोयी हुईं छोटी चिड़ियाँ
उनके सामने मैं लाचार था
मनुष्य होने की शर्म में डूबा हुआ
मनुष्य होने से बचने की कोशिश करता हुआ
मैं होना चाहता था पशु पक्षी कीट पतंग या ऐसा ही कुछ।

2004

गुजरात के मृतक का बयान

पहले भी शायद मैं थोड़ा–थोड़ा मरता था
बचपन से ही धीरे–धीरे जीता और मरता था
जीवित रहने की अन्तहीन खोज ही था जीवन
जब मुझे जलाकर पूरा मार दिया गया
तब तक मुझे आग के ऐसे इस्तेमाल के बारे में पता भी नहीं था
मैं तो रंगता था कपड़े ताने–बाने रेशे–रेशे
चौराहों पर सजे आदमक़द से भी ऊँचे फ़िल्मी क़द
मरम्मत करता था टूटी–फूटी चीज़ों की
गढ़ता था लकड़ी के हिंडोले और गरबा के रंगीन डाँडिए
अल्युमिनियम के तारों से
छोटी–छोटी साइकिलें बनाता बच्चों के लिए
इसके बदले में मुझे मिल जाती थी एक जोड़ी चप्पल
एक तहमद
दिन भर उसे पहनता रात को ओढ़ लेता
आधा अपनी औरत को देता हुआ

मेरी औरत मुझसे पहले ही जला दी गयी
वह मुझे बचाने के लिए खड़ी थी मेरे आगे
और मेरे बच्चों का मारा जाना तो पता ही नहीं चला
वे इतने छोटे थे उनकी कोई चीख़ भी सुनाई नहीं दी
मेरे हाथों में जो हुनर था पता नहीं उसका क्या हुआ
मेरे हाथों का ही पता नहीं क्या हुआ

वे अब सिर्फ़ जले हुए ढाँचे हैं एक जली हुई
देह पर चिपके हुए
उनमें जो जीवन था जो हरकत थी वही थी उनकी कला
और मुझे इस तरह मारा गया
जैसे मारे जा रहे हों एक साथ बहुत से दूसरे लोग
मेरे जीवित होने का कोई बड़ा मक़सद नहीं था
और मुझे मारा गया इस तरह
जैसे मुझे मारना कोई बड़ा मक़सद हो

और जब मुझसे पूछा गया तुम कौन हो
क्या छिपाये हो अपने भीतर एक दुश्मन का नाम
कोई मज़हब कोई तावीज़
मैं कुछ कह नहीं पाया मेरे भीतर कुछ नहीं था
सिर्फ़ एक रंगरेज़ एक मिस्त्री एक कारीगर एक कलाकार
एक मजूर था
जब मैं अपने भीतर मरम्मत कर रहा था
किसी टूटी हुई चीज़ की
जब मेरे भीतर दौड़ रहे थे
अल्युमिनियम के तारों की साइकिल के नन्हे पहिये
तभी मुझ पर गिरी एक आग बरसे पत्थर
और जब मैंने आख़िरी इबादत में अपने हाथ फैलाये
तब तक मुझे पता नहीं था बन्दगी का कोई जवाब नहीं आता

अब जबकि मैं मारा जा चुका हूँ मिल चुका हूँ
मृतकों की मनुष्यता में मनुष्यों से भी ज़्यादा सच्ची
ज़्यादा स्पन्दित
तुम्हारी जीवित बर्बर दुनिया में न लौटने के लिए
मुझे और मत मारो और मत जलाओ न कहने के लिए
अब जबकि मैं महज़ एक मनुष्याकार हूँ एक मिटा हुआ चेहरा

एक मरा हुआ नाम
तुम जो कुछ हैरत और कुछ ख़ौफ़ से देखते हो मेरी ओर
क्या पहचानने की कोशिश करते हो
क्या तुम मुझमें अपने किसी स्वजन को खोज़ते हो
किसी मित्र–परिचित को या ख़ुद अपने को
अपने चेहरे में लौटते देखते हो किसी चेहरे को।

2002

अंजार

अंजार में पिछले साल बच्चों के सर पर थे इम्तहान
पिछले साल प्रभातफेरी में वे गाते थे
सारे जहाँ से अच्छा हिन्दोस्तान
पिछले साल तैयार किये जा रहे थे प्रश्नपत्र
छोड़े जा रहे थे भरने के लिए बहुत से रिक्त स्थान
पिछले साल अंजार उड़ती हुई गुस्सैल पृथ्वी था
आसमान से गिरती हुई चार सौ सुरीले स्वरों पर
एक मलबे की तरह उठकर आया हुआ भूगर्भ का अन्धकार
अंजार मलबे में दबी हुई मासूम चीत्कारों का मज़ार

एक बार फिर से आये इम्तहान
बच्चों को उठाया गया नींद से फिर से किया गया तैयार
गिनती हुई चार सौ पिछले बरस के चार सौ
इस बार कई–कई जगह फैला था अंजार
इस बार उड़ती हुई धरती नहीं लपकती–लीलती हुई आग थी
ख़ून और मृत्यु थे मुख्य प्रश्नपत्र बाक़ी विषय भी
मौत का ही विस्तार
अंजार से निकल कर दूर–दूर तक फैले हुए
अंजार के रिक्त स्थान

स्कूल की घण्टियाँ सुनाई देती हैं अंजार में
बच्चे बैठते हैं फिर से आग और क्रूरता के इम्तहान में

पिछले बरस की टूटी हुई दीवार से गिरता है रक्त
आँसुओं से भरी आँखों के सामने डाँवाडोल होते प्रश्नपत्र
सवाल तमाम आपस में गड्ड–मड्ड
अंजार भीतर दबी हुई एक चीत्कार
जगह–जगह अंजार हमारे भविष्य का मज़ार।

2002

भूलने के विरुद्ध

पहला नहीं हमेशा दूसरा
हमेशा दूसरा जीवन दूसरा प्रकाश हमेशा दूसरा अन्धकार
क्योंकि मैं दूसरा हूँ पहला नहीं हर वक़्त दूसरा
पहला हमेशा अनुपस्थित है हमेशा भुलाया हुआ
पहला हमेशा खोया हुआ है हमेशा लापता
मैं दूसरा हूँ हर वक़्त पहले की स्मृति में पहले की जगह पर
पहला हमेशा ढहाया हुआ है नष्ट किया हुआ
मैं उसके मलबे की तरह बचा हुआ दूसरा हूँ
पहला जला हुआ है मरा हुआ हमेशा एक मृतक
मैं पहले की राख में से आता हुआ दूसरा हूँ
पहले के एवज़ में हाज़िरी लगाता हुआ मैं हूँ कहता हुआ

मैं दूसरा हूँ पहले का एक धुँधला आकार पहले का एक आभास
मैं पहला नहीं दूसरा हूँ
पहले की चीख़ पहले का शोक पहले का प्रेम
पहले को पुकारता अन्तहीन एक दूसरा

2002

राक्षसो क्या तुम

राक्षसो क्या तुम अब भी वैसे ही हो
किसी दन्तकथा संस्कृत के किसी श्लोक से बाहर आये हुए
रात में तुम अपने सींग और दाँत कहाँ रख देते हो
या सो जाते हो खुले हुए जबड़ों ख़ूनी आँखों और
नाख़ूनों के साथ
ठीक उस तरह जैसे बचपन की एक किताब में
देखा था तुम्हें नींद में भी जगे हुए से

राक्षसो क्या तुमने धर लिया है अब नया रूप
सर के भीतर छिपा लिए हैं अपने सींग
उँगलियों के भीतर नाख़ून
क्या तुम्हारे पेट में चले गये तुम्हारे नुकीले दाँत
क्या तुमने घर ख़रीद लिए हैं कारें जुटा ली हैं
प्राप्त कर ली है उजली मुस्कुराहट पहन लिए हैं नरम हाथ
क्या तुम्हारी आँखों में अब एक नमी भी रहती है

राक्षसो क्या दूसरों की तरह तुम्हें भी चुभते हैं तुम्हारे सींग
नाख़ून दाँत
क्या तुम्हें सचमुच नींद आती है
दिनभर के तुम्हारे करतब तुम्हारा पीछा करते हैं सारी रात
दिनभर के हत्यारे तुम्हारे शब्द चिल्लाते हैं तुम्हारे कान में

और तुम्हारा विष फिर से घुलता है तुम्हारे रक्त में
या फिर यह समय ही पूरा तुम्हारा है
जहाँ तुम ही सोते हो सबसे गहरी नींद।

2004

दो कवियों की कथा

प्रेम के सबसे सघन कवि को मिला नहीं प्रेम
उसके सामने था दूध रोटी दवा का हिसाब
जिसे वह कभी समझ नहीं पाया
दुनिया आईनों से भरी हुई थी जिन्हें वह स्याही की तरह
घोलता रहा अपने अन्तर्जल में
मनुष्य की भाषाएँ तमाम बोली कबूतरों की
उसकी तड़प को उठाने में असमर्थ
वह बहता रहा प्यास के पहाड़ों पर सुन्दरता का प्रपात

यातना के सबसे बीहड़ कवि को मिली यातना
कड़ी मारें और दुःस्वप्न एक से एक
वही था प्रेम के कवि का एक सच्चा दोस्त
वह एक जंगल की तरह रहा बार–बार काटता अपने शब्द
उसे चौराहे ही मिले जीवन में भागता रहा दम छोड़
जिन्होंने नष्ट किया संसार में प्रेम पैदा की यातना
उसने देखे रात में उनके जगमग जुलूस
इन दिनों वे दिन में भी निकलते दिखते हैं जगह–जगह

यातना का कवि जल्दी ही इस संसार से चला गया
तब प्रेम के कवि ने सोचा मुझे रहना चाहिए
यहाँ कुछ दिन और

अन्ततः प्रेम ही है यातना का प्रतिकार
अन्याय का प्रतिशोध
फिर वह अकेला झेलता रहा सारी यातना
रह सका जितनी देर।

2003

मोहन थपलियाल

अपने इंजीनियर दादा की दोमंज़िला हवेली में तुम रहे नहीं
तुम्हें सिर्फ़ उसका जर्जर होना याद था
बहुत पहले ही तुम हो गये थे विस्थापित
जंगलों पहाड़ों के बीच भारत–तिब्बत बॉर्डर पुलिस की बैरकों में
वायरलेस सेट के सामने अकेले बैठे
हवा में भेजते कूट–सन्देश डा डिड् डा डाडिड् डाडिड्डा डा....
जिनका अर्थ सिर्फ़ यही था कि हम सुरक्षित हैं....
दुश्मन आसपास कहीं नहीं है फिर भी सावधान...स्टॉप
जंगलों घाटियों जैसा ही ऊबड़–खाबड़ था तुम्हारा सफ़र
उसके निशान दर्ज होते रहे तुम्हारे भीतर
जैसे एक पेड़ में दर्ज होते हैं उसके वर्ष
और जब तुम उन एकरस ध्वनि–संकेतों के
जंगल से बाहर आये
ठोस तीखे शब्दों की दुनिया में तो वह एक और विस्थापन था
वहाँ भीषण अर्थ थे कोहराम था और कुछ भी सुरक्षित नहीं था
सन्देश भेजने पाने के लिए मोर्स के बटन नहीं थे
और 'हक़ीक़त जानने के लिए झींगुरों के शोर और जुगनुओं की
रोशनी के बीच से जोखिम भरा रास्ता टटोलते हुए
काफ़ी दूर जाना होता था'[1]

1. मोहन थपलियाल की कहानी *त्रिकोण* का एक वाक्य।

इस यात्रा में बहुत देर से तुम्हें मिला बर्तोल्त ब्रेष्ट
जर्मनी का वह कविता–नाटकवाला मृत्यु के अठारह वर्ष बाद
अकल्पनीय अत्याचारों का गवाह दुनिया का
सबसे ज़िद्दी विस्थापित
जो 'जूतों से ज़्यादा देश बदलता हुआ'[1] बचता फिरा
नात्सी शिविरों से
क्योंकि उसे जानना था अपने लोगों के दुःख का कारण
बतलाने थे वर्ग–व्यवहार करना था दुनिया को बदलने का
पुराना अनिवार्य असम्भव काम
उसी के शब्दों में मिला तुम्हें अपने विस्थापन का अर्थ
वही तुम्हारा हमदर्द उसका हाथ थामे हुए तुमने देखा
जगह–जगह अब भी बने हुए छोटे–छोटे यातना शिविर
जो जितना ताक़तवर उसके भीतर बैठा है
उसके आकार का एक हिटलर
और आज भी अँधेरे का वही युग
जहाँ हँसते रहना है जीवन गुज़ारने की सबसे बड़ी कला

कितना विकट था पूँजी के तन्त्र के बीच टिके रहने का संघर्ष
बाबूगीरी मास्टरी मोर्स की ऑपरेटरी बेकारी जेएनयू में जर्मनी
एक अदद अख़बारी नौकरी फिर बेरोज़गारी डा डिड् डा....स्टॉप
तब भी तुमने खोयी नहीं बच्चों जैसी अपनी हँसी
पहाड़ी बूढ़ों जैसी समझ खोये नहीं अपने दोस्त जंगल पहाड़
एक साधारण जीवन में ही जलती है असाधारण आग
वह कभी सुलगता कभी झुलसता है अपने भीतर
जिसकी कहानी कहने में लगता है बहुत समय बहुत श्रम
उस उपलब्ध भाषा में बतलाना भी कितना कठिन
इस बीच ताक़तवर चला देता है बाज़ार में नयी मुद्रा नये नियम

---

1. ब्रेष्ट की कविता *अगली पीढ़ी के लिए* का एक काव्यांश।

सामर्थ्यवान क़ब्ज़ा कर लेता है हर ख़ाली जगह पर
तुम अस्पताल से लौटते हो अपने कलेजे का रक्त थामे हुए
देखते हो बच्चे कुछ और बड़े हो गये हैं
घर की मद्धिम रोशनी में पढ़ रहे हैं अपना पाठ
रसोईघर में खड़ी पत्नी पल भर देखती है
मुश्किल से जुटाया हुआ अपना छोटा–सा संसार
और तुम अपने कॉमरेड ब्रेष्ट की कविता पर झुके हुए
पूछते हो शायद जीवन का आख़िरी सवाल
अब कौन––सा है अगला विस्थापन
कहाँ है कूट–भाषा के संकेतों का गन्तव्य।

2003

करुणानिधान

सबसे मीठी मुलायम ब्रेड कहाँ मिलती है
कहाँ मिलती कम मीठे की मिठाई कम नमक की नमकीन
कहाँ बिकते हैं सबसे मज़बूत काग़ज़
सुन्दर सस्ते–झोले कहाँ टँगे रहते हैं
किस जगह से दिखता है सबसे ज़्यादा आसमान
शहर के बारे में यह सब जानते थे करुणानिधान
ब्रेड मिठाई नमकीन दोस्तों के बीच ही खानी चाहिए
और जब अकेले में देखने चाहिए आसमान के रंग
कहते करुणानिधान झोले से निकालते ब्रेड और
घर का बना पनीर
भूख के इन दिनों में कुछ खाता हुआ मनुष्य दुनिया का
कितना सुन्दर दृश्य है
करुणानिधान जुटाते रहते ऐसे दृश्यों को रख लेते
अपने झोले में

मन–ही–मन बनारस अपने घर चले जाते करुणानिधान
भूखे–उनींदे पैदल नापते शहर
चलते–चलते हो जाते भूमिगत अपने रंगों और कैनवस के साथ
सोचते तमाम रंग तहख़ाने से उठेंगे कभी करेंगे एक विस्फोट
वसन्त गर्जना जो अभी कैनवस पर है उसकी सुबह हम
देखेंगे एक रोज़

इसी के लिए भटकते थे करुणानिधान
बनारस कोलकाता दिल्ली सादतपुर अल्मोड़े के पहाड़
कैनवस न सही काग़ज़ों पर बनाते ऐंठी हुई आकृतियाँ
रेखाएँ तोड़कर बाहर निकलती उन चेहरों की चीख़
कभी कोई देह अपनी साँसों में उठती–गिरती हुई
कभी–कभी गाँजे–भाँग का एक कश आँखों में एक कौंध
अमीर खाँ और ओंकारनाथ ठाकुर की जुगलबन्दी
झोले में ताज़ा स्याही की ख़ुशबू फैलाता मुक्ति का नया अंक
शहीद भगत सिंह के नास्तिक बनने की कहानी
और आइरिश रिपब्लिकन आर्मी के धुँधले पुराने दस्तावेज़
जो अभी लिखे हुए लगते हैं जैसे अभी हो उनकी ज़रूरत

और दिल को उछलने–डूबने से रोकने के लिए लगा हुआ
एक पेसमेकर
देह के भीतर वह रहता था किसी छोटे–से वाद्ययन्त्र की तरह
भेजता ऊर्जा के संकेत रंगों के तहख़ाने की आवाज़
काग़ज़ रंग कूचियाँ सब रणभूमि में उतरने को तैयार हैं
गिरधर राठी के समकालीन भारतीय साहित्य का
मुखपृष्ठ बन गया है
अख़बारों के लिए भाग्य रेखाओं जैसे रेखांकन पूरे हो चुके हैं
केदारनाथ सिंह के बाघ के कई मांसल रूप
झाँकते हैं झोले से बाहर निकलने के लिए

लेकिन अब कहाँ लोप हो गये वे हक़ीर और फ़क़ीर
जो सब कुछ छोड़कर चले जाते थे और फिर
लौट आते ख़ाली हाथ
ग़रीबी और दीवानगी किस रसातल में गयी
जो कभी घर नहीं बनाती थी फटे हुए कपड़ों में छिप जाती थी
वे तहख़ाने क्या हुए जहाँ एक विस्फोट में इकट्ठा

होते रहते थे रंग
या फिर यह जीवन भर चलने वाले स्वप्न की तरह था

एक स्वप्न के बिखरने पर तुरन्त नहीं आ जाता दूसरा स्वप्न
एक ख़ुशी को विदा करने नहीं आती एक और ख़ुशी
एक विराग की जगह सफ़र पर नहीं चल पड़ता दूसरा विराग
जीवन के आख़िरी हासिल में
एक बड़ा–सा काग़ज़ ख़ाली बचा रहता है
कैनवस पर पिघले हुए रंग सिकुड़ते जाते हैं
एक मीठी मुलायम ब्रेड कहीं अनबिकी रहती है
मुक्ति का एक दस्तावेज़ फड़फड़ाता है झोले के भीतर।

2003

चेहरा

विचार और चेहरे के बीच एक घनिष्ठ सम्बन्ध है
वे एक–दूसरे को गढ़ते ढालते बनाते बिगाड़ते रहते हैं
एक इच्छा चिड़िया की तरह भीतर जन्म लेती है
और एकाएक प्रकट हो उठती है चेहरे पर उड़ान की तरह
एक अच्छाई मिटा देती है माथे की शिकन
कुटिल चेहरे तत्काल अपने विचारों को बना देते हैं कलुषित
किसी नफ़रत से बँधे हुए चेहरे दिखते हैं एक समान
एक–दूसरे की नक़ल करते हुए
एक जैसे अण्डाकार सिर एक–सी मूँछें एक–सी मन्द मुस्कान
जैसे किसी एक गिरोह के राष्ट्रीय–अन्तरराष्ट्रीय सदस्य

ग़ौर करें तो तानाशाह चेहरे तमाम एक सरीखे हैं
भले ही वे अलग–अलग देशकाल के अत्याचारों के निशान हों
सिर्फ़ अन्याय की विजययात्रा ने बढ़ा दिये हैं
उनके तमगे– सितारे
उनकी तस्वीरें इतनी धुलीपुँछी जैसे वे अब भी करते हों राज
कोमलता बढ़ती जा रही है चापलूस चेहरों पर
अय्याश की हर अदा से झाँकता है एक अय्याश
वह उसे छिपाता नहीं बाँटता चलता है जगह–जगह
लम्पटता हर सम्बन्ध में खोजती है अपना प्रतिरूप
चेहरा और चरित्र जैसे ही एक होते हैं बदल देते हैं
आदमी की चाल

महँगे ताक़तवर चेहरे हर तरफ़ बढ़ते जा रहे हैं
उनकी एक जैसी हँसी आँखों में एक जैसी चमक
आरामदेह चेहरों पर सजे–धजे बैठे हुए उनके विचार
एक ग़रीब देश में वे जीने के शानदार तरीक़े बेचते रहते हैं
हाथ में शक्तिवर्धक दवा लिए हुए
समाज को आँख मारता है एक महानायक
इन्हीं चेहरों से बना है हमारे वक़्त का प्रमुख आततायी विचार
वह निर्बल लाचार चेहरों और विचारों को खदेड़ता रहता है
किन्हीं बियाबानों की ओर अदृश्य होने के लिए

उन चेहरों में भी काफ़ी मेलजोल है
जो अक्सर डरे हुए हैरान मूक एकटक देखते रहते हैं
उन पर मर्म भेदनेवाली कहानियाँ लिखी हैं
एक चेहरा स्याही के धब्बे जैसा एक चेहरा नंगी नुकीली
चट्टान जैसा एक चेहरा आँसू की बूँद जैसा गिरने–गिरने को
एक चेहरा जो मार खा रोया नहीं
एक चेहरा जो अचानक कौंध जाता है विचार की तरह।

2006

त्वचा

त्वचा ही इन दिनों दिखती है चारों ओर
त्वचामय बदन त्वचामय सामान
त्वचा का बना हुआ कुल जहान
टीवी रात–दिन दिखलाता है जिसके चलते–फिरते दृश्य
त्वचा पर न्यौछावर सब कुछ
कई तरह के लेप उबटन झाग तौलिए आसमान से गिरते हुए
कमनीय त्वचा का आदान–प्रदान करते दिखते हैं स्त्री–पुरुष
प्रेम की एक परत का नाम है प्रेम
अध्यात्म की खाल जैसा अध्यात्म
सतह ही सतह फैली है हर जगह उस पर नये–नये चमत्कार
एक सुन्दर सतह के नीचे आसानी से छुप जाता है
एक कुरूप विचार
एक दिव्य त्वचा पहनकर प्रकट होता है मुकुटधारी भगवान

यह कोई और ही त्वचा है
जो जीती–जागती–धड़कती देह में से नहीं उपजती
उसकी सुन्दरता बनकर
जो साँस नहीं लेती जिसके रोयें नहीं सिहरते
जिसे पीड़ा नहीं महसूस होती
यह कबीर की मुई खाल नहीं है
जिसकी गहरी साँस लोहे को भस्म कर देती है

यह कोई और ही त्वचा है जो कोई पुकार नहीं सुनती
जिसे छूने पर रक्त नहीं उछलता हृदय नहीं पसीजता
सतह पर पड़ा रहता है दुख
झुर्रियों के समुद्र में विलीन होती जाती मोटी खाल की एक नदी
अपने साथ बहाकर ले जाती है सुगन्धमय प्रसाधन
तौलिए उबटन
यही है हमारा त्वचामय समय यही है हमारा निवास
इसी पर नाचते हैं हमारे विचार
देखो एक रोगशोक जरामरण विहीन कविता की दशा
वह यहाँ त्वचा की तरह सूखती हुई पड़ी है।

2004

आँखें

आँखें संसार के सबसे सुन्दर दृश्य हैं
इसीलिए उनमें दिखने वाले दृश्य और भी सुन्दर हो उठते हैं
उनमें एक पेड़ सिहरता है एक बादल उड़ता है
नीला रंग प्रकट होता है
सहसा अतीत की कोई चमक लौटती है
या कुछ ऐसी चीज़ें झलक उठती हैं जो दुनिया में
अभी आने को हैं
वे दो पृथ्वियों की तरह हैं
प्रेम से भरी हुई जब वे दूसरी आँखों को देखती हैं
तो देखते ही देखते कट जाते हैं लम्बे और बुरे दिन
यह एक पुरानी कहानी है
कौन जानता है इस बीच उन्हें क्या–क्या देखना पड़ा
और दुनिया में सुन्दर चीज़ें किस तरह नष्ट होती चली गयीं
अब उनमें दिखता है एक ढहा हुआ घर
कुछ हिलती–डुलती छायाएँ
एक पुरानी लालटेन जिसका काँच काला पड़ गया है
वे प्रकाश सोखती रहती हैं कुछ नहीं कहतीं
सतत आश्चर्य में खुली रहती हैं
चेहरे पर शोभा की वस्तुएँ किसी विज्ञापन में सजी हुई।

2006

बाल

बाल ही बाल चेहरे के आसपास उसके ऊपर
पीठ के नीचे तक
प्रेम के निवास करने की सबसे भली जगह
वे उगे लम्बे हुए सँवारे–काटे गये फिर से छा गये जीवन में
उनमें सुदूर के संकेत हैं
वे पृथ्वी पर बादलों की तरह झुके हुए हैं
उनमें हवा और बारिश है सूर्य और चन्द्रमा उनके भीतर से
उदित होते हैं
और उनके नीचे कई कल्पनाओं से भरा एक मस्तिष्क है
जो इच्छाएँ पैदा करता रहता है

और एक दिन वे नामालूम ढंग से गिरने शुरू होते हैं
अचानक निकलकर आता है एक बाल
और फिर गुच्छे ही गुच्छे चारों ओर नहानघरों में
नाबदानों में सड़कों पर
जीवन की चादर पर छितरे हुए धब्बे
समझ में न आने वाली एक दुर्घटना
जो इसी मस्तिष्क में घटित होती है
कौन कह सकता है वे कैसे कब क्यों गिरते हैं
कौन जानता है वे बाल हैं या प्रेम है रेशे–रेशे गिरता हुआ।

2006

शरीर

जिनसे हम प्रेम करना छोड़ देते हैं वे चीज़ें
हमें छोड़कर चली जाती हैं या अपनी ही जगह ओझल
होने लगती हैं
हमारे शरीर भी इसी तरह धीरे–धीरे हमसे दूर हो गये
अब कितने बेगाने हैं एक समय के सुन्दर हमारे हाथ–पैर
यह चेहरा किसी दूसरे शरीर का लगता है
यह दिमाग़ जो दुनिया में अकेला जगमग करता था
अब एक छोटी भुरभुरी चट्टान जैसा है
और हड्डियाँ जिनमें मृत्यु के बाद भी फॉस्फ़ोरस
चमकता रहता है
एक ऐसी खटखट में बदल गयी हैं
जो भीतर से दरवाज़ा खोलने की कोशिश करती है

पृथ्वी पर सिर्फ़ एक बार मिली है हमें मनुष्य देह
तब भी हम करते आये हैं उससे मनमाना व्यवहार
क़ैदी की तरह उसे जगह–जगह घसीटते हुए
मुफ़्त में मिली सम्पत्ति की तरह लुटाते हुए
हमने कभी उसके स्पन्दन नहीं सुने उसके दर्द को नहीं छुआ
कभी देखा नहीं उसे उसकी निबिड़ एकाकी सुन्दरता में
कभी सोचा नहीं इस शरीर को भी कोई घर चाहिए
इसके भीतर भी रहती है एक आत्मा

शरीर के उपभोक्ता हम जान नहीं पाये कैसे करें उससे प्रेम
कैसे बचाकर रखें उसके रहस्य

अब हर तरफ़ एक विराट स्थूल शरीर पसरा हुआ है
रात–दिन खुली हुई व्यायामशालाएँ शरीर के विस्तार
सिर्फ़ फुलाये हुए सीनों और बाजुओं की मोटी
मछलियों का प्रदर्शन
टाँगों और बाँहों के फ़ालतू बाल उड़ाने की करामातें
उनका मैल छुड़ाते हुए नित निर्मित नये साबुन
शरीर के दुख दबाती हुई ख़ुशबुओं की फुहारें
शरीर का इतना शोर इतना प्रचार
शरीर के ताबूत आसमान से हम पर बरसते हुए
शरीर की मृत्यु छिपाने के लिए
लगातार बढ़ते उसके जन्म के उत्सव।

2006

राग मारवा

(अमीर ख़ाँ और पन्नालाल घोष के संगीत की स्मृति में)

बहुत दूर गये हुए किसी जीवन में से निकल कर आती है
राग मारवा की आवाज़
उसे अमीर ख़ाँ गाते हैं अपने अकेलेपन में
या पन्नालाल घोष बजाते हैं
किसी चरवाहे की सी अपनी पुरानी बाँसुरी पर
वह तुम्हारे आसपास और भीतर एक–एक चीज़ को
छूता हुआ बढ़ता है
उसके भीतर जाता है वहीं गूँजता रहता है
उसे पाना चाहता है उसी का रूप ले लेता है
देर तक उठता एक आलाप धीरे–धीरे एकालाप बन जाता है
एक भाषा अपने शब्द खोजने के लिए फड़फड़ाती है
एक बाँसुरी के छेद गिरते पिघलते बहते जाते हैं

उसमें मिठास है या अवसाद
यह इस पर निर्भर है कि तुम जब उसे सुनते हो
तो उसमें क्या खोजते हो

कहते हैं मारवा सन्धि प्रकाश का राग है
जब दिन जाता हुआ होता है और रात आती हुई होती है

जब दोनों मिलते हैं कुछ देर के लिए
वह अन्त और आरम्भ के बीच का धुँधलका है
जन्म और मृत्यु के मिलने की कोई सुदूर जगह
प्रकाश और अन्धकार के गड्मड्ड चेहरे
देर तक काँपता एक विकल हाथ ओझल हो चुका है
एक आँसू गिरते–गिरते रुक गया है
कहते हैं मारवा को किसी आकार में समेटना कठिन है
वह पिघलता रहता है दूसरे रागों में घुल जाता है
रेत की तरह फिसलता और राख की तरह झरता है
उसमें उपज और विस्तार पैदा करना भी आसान नहीं
उसके लिए भीतर चाहिए वैसी ही कोई बेचैनी
वैसा ही कोई विराग
तुम उसे पार्श्व संगीत की तरह नहीं सुन सकते
क्योंकि तब वह सुस्त और बेस्वाद हो जाता है
गायक वादक सब जानते हैं लोगों को
अब ज़्यादा रास नहीं आता यह राग
कोई व्यर्थ के दुःख में नहीं पड़ना चाहता
लोग अपने ही सुख से लदे हुए मिलते हैं इन दिनों

फिर भी भूले–भटके सुनाई दे जाता है
रेडियो या घिसे हुए रेकॉर्ड से फूटता शाम के रंग का मारवा
अमीर ख़ाँ की आवाज़ में फैलता हुआ
या पन्नालाल घोष की बाँसुरी पर उड़ता हुआ
आकार पाने के लिए तड़पता हुआ एक अमूर्तन
एक अलौकिकता जो मामूली चीज़ों में रहना चाहती है
एक हवा जो चुपचाप मुट्ठी में समा जाती है
पीछे छूटे हुओं का एक गीत

जो अपने को लगातार पीछे छोड़ता रहता है
और जब कोई उसे सुनता न हो और कोई उसे
गाता न हो कोई उसे बजाता न हो तब भी वह
गूँजता रहता है
अपने ही प्रकाश में काँपता हुआ मारवा।

2000

राग शुद्ध कल्याण

वह मिठास जो जीवन से कम होती जाती है
अक्सर मिलती है शुद्ध कल्याण में
उसका साफ़ मीठा पानी चमकता है और बहता है
उसकी छोटी–बड़ी नदियाँ फैली हैं जगह–जगह
वे जाती दिखती हैं अपने ही किसी आकार की ओर
जो ज़्यादा पूर्ण है ज़्यादा भरा हुआ
उसका ज्वार चन्द्रमा को गोद में ले लेता है
उतरती हुई उसकी लहरें नीचे बहुत नीचे चली जाती हैं
पृथ्वी के गर्भजल तक
और तुम जब इस पृथ्वी पर निरर्थक डोलते हो
लकड़ी पत्थर घासफूँस और ऐसी ही टूटी–फूटी चीज़ों की तरह
कल्पना और प्रेम से रहित
तो वह तुम्हें हल्का और तरल बनाता हुआ
अपने साथ बहा कर ले जाता है
किसी भव्य स्थापत्य का हिस्सा बनने के लिए

अपनी कल्पना के यथार्थ में हर संगीतकार
इस राग को कई तरह से रचता आया है
जैसे बार–बार अपनी ही सुन्दरता को प्रकाशित करता हो
अपनी ही अच्छाई को

बारीकी से उसकी बारीकियाँ उभारता उसे तराशता
जब तक एक–एक स्वर की कला समूचे राग की
कला न हो जाये
स्वरों के स्थापत्य में चमक उठता है एक–एक स्थापत्य स्वर
और तब बहुत प्राचीन होते हुए भी वह इतना नया लगता है
जैसे पहली बार हो रहा हो उसका जन्म
और तब भी एक कसक एक उम्मीद बनी रहती है कि
कितना अधिक विस्तार
कितना अधिक नाद हो सकता था
हर संगीतकार उसकी पूर्णता तक पहुँचने से पहले ही
लौट आता है
दूसरी आवाज़ों के लिए उसे छोड़ता हुआ

शुद्ध कल्याण सुनते हुए तुम उसके आर–पार देख सकते हो
तुम्हारे अपने ही स्वर उसमें गूँजते हैं
भले ही तुमने उन्हें पहले कभी न सुना हो
और तुम उन्हें अकेले भी नहीं सुन रहे हो
कोई तुम्हारे साथ है तुम्हारे भीतर तुम्हारा कोई आत्मीय
तुम्हारा कोई अंश जो तुम्हें सहसा पहली बार दिखाई दिया है

स्वरों की एक बौछार बार–बार तुम्हें भिगो देती है
वह धो रही है तुम्हारा सारा कलुष
ऐसे ही किसी क्षण में तुम उसे गा उठते हो
क्योंकि उसमें इतनी कोमलता है इतनी सहजता
क्योंकि तुम ख़ुद उस कोमलता के इतने पास पहुँच चुके हो
और उसे गाये बिना रह नहीं सकते

अपनी किसी व्यथा अपनी किसी वासना में
चन्द्रमा तक आवाज़ उठाने की कोशिश करते हुए
आधी–अधूरी वह जैसी भी हो वही है जीवन की
बची हुई मिठास।

2000

यही एक तस्वीर

यथार्थ के नाम पर अब यही एक तस्वीर बची है
इसी की तरफ़ बार–बार लौटता हूँ अकेले में देखने के लिए
इसे ही दिखाता हूँ अपनी सफ़ाई में जीवन के सबूत के तौर पर
अँधेरे और उजाले का एक खेल
जिसमें वास्तविकता अपनी मूल जगह से हटी हुई है
और रंग एक जटिल क़िस्म का विषयान्तर हैं
यहाँ जो कुछ है वह किसी संयोग से एकत्र हुआ है
जिसमें अब किसी और का प्रवेश सम्भव नहीं है
दूसरा कोई भी संयोग इससे बाहर रहता है
और यह सब भी कितना अपूर्ण है और इसका भी
समय बीत चुका है
एक साँचे में ढल चुका है
जिसे पहली नज़र में देखने पर लगता है
यह सब यहीं है और यहीं बना रहेगा

तस्वीर में उस यथार्थ की कल्पना है जो इसमें दिखती है
उस कल्पना का यथार्थ है जो इसमें छिपी हुई है
इसका वर्णन करना कठिन है
क्योंकि उसके लिए तस्वीर से उठ कर बाहर जाना पड़ता है
उस जगह उस समय उस क्षण उस दिशा में
जहाँ यह घटित हुआ और यह तस्वीर जिसकी प्रतिलिपि है
उसके पीछे दौड़ती हुई एक पुकार

और इससे बाहर जाना भी आसान नहीं है
ऐसा करते ही समूचा दृश्य ढहने लगता है
सब कुछ परछाईं बन जाता है
जीवन घुमड़ता हुआ आता है अन्धकार की तरह
और क्योंकि कुछ भी दुबारा घटित नहीं होता
इस तस्वीर को इसके यथार्थ में लाना
इसे नष्ट कर देने की तरह है
फ़िलहाल इसमें कुछ मेज़ें–कुर्सियाँ बिछा दी गयी हैं
दो–चार पेड़ों की छाया हरियाली और धुन्ध से घिरे
पहाड़ के साथ
कुछ लोग हैं स्त्री–पुरुष और वे खुश हैं
शायद बहुत से जटिल अनुभवों के बाद वे अब अपने
लोगों के बीच हैं
वे कुछ खाते हुए या कुछ कहते हुए दिखते हैं
एक की आँखें दूसरे को एकटक देखती हैं
और वे निश्चिन्त हैं जैसे यहीं थे और यहीं रहेंगे
पेड़–पहाड़ और घास की तरह
यह एक जानी–पहचानी जगह है यथार्थ और कल्पना के
बीच झूलती हुई
इस तस्वीर में अब नया कुछ नहीं हो सकता
सिवा इसके कि यह पुरानी और धुँधली होती रहेगी
और वह क्षण इसमें कभी नहीं आयेगा
जब लोग सहसा उठ खड़े होते हैं
और अलग–अलग अपने कठिन रास्तों की तरफ़
बढ़ने लगते हैं।

2000

जो कुछ कहता नहीं

दानूता स्ताशिक के लिए

चॉकलेट के डिब्बे में रखा हुआ मिला मुझे
प्लास्टिक का एक छोटा–सा खिलौना
बन्दर जैसा एक मनुष्य या मनुष्य जैसा बन्दर
एक बच्चा जो असमय वृद्ध हो गया हो
दोनों हाथों से पैरों को पकड़े हुए आसन जमाये बैठा हुआ
कसरत की तरह लगती ध्यान की एक मुद्रा में
पीठ पर जिसकी लिखा हुआ था मेड इन चाइना
बच्चे खेलते रहे उससे कई दिनों तक
इसी में गिर पड़ी उसकी एक आँख निकल आये कई बाल
जो कटोरे जैसे सर से सीधे हवा में उठे हुए थे
टेढ़ी उभरी हुई नाक बतलाती थी उसका नकचढ़ापन

बच्चों के खेल से बाहर होकर वह आया मेरी मेज़ पर
समझ में न आने वाले काग़ज़ों और दर्दनिवारक
दवाओं के बीच
एक आँख से घूरता था वह ढीठ मुझे चिढ़ाता हुआ सा
मुझे पता नहीं क्या चेतावनी देता हुआ
कोई अष्टावक्र ग़लतियों पर उँगली उठाने के लिए सज़ायाफ़्ता
या बुद्ध का कोई वंशज जो एक दुख से घबराकर
जाता हो किसी दूसरे दुख की ओर
लाओ–त्से का वारिस जो सब कुछ जानता है इसलिए कुछ

कहता नहीं
जो देख चुका है महानता की तुच्छता पूर्णता का ख़ालीपन
किसी बावड़ी से निकल कर आया ब्रह्मराक्षस
इस कीर्ति व्यवसायी युग में प्लास्टिक के भीतर में
रहने को अभिशप्त
पता नहीं यह कोई ईर्ष्या है या भय या प्रेम
जो मैं बार–बार एकटक देखता हूँ उसकी तरफ़
ऐसे ही संयोग से किसी मित्र से मिल जाता है कोई दानिशमन्द
चॉकलेट के डिब्बे में बन्द प्लास्टिक या पत्थर में रहता
कोई अष्टावक्र लाओ–त्से बुद्ध या कोई मामूली चेहरा
निर्विकार देखता हमारे जीवन की पीड़ा और शर्म
हमारा सामूहिक गाना–बजाना एकाकी रोना–धोना
कभी चिढ़ाता उपहास करता बेरुखी दिखलाता
हमारा ही कोई अंश दूर छिटककर बैठा हुआ
चुपके से इशारा करता हुआ
अपने जैसे एक विचित्र आकार में ढलने क़े लिए।

एक शिशु जन्म

जन्म का पहला धुँधला प्रकाश उसकी पहली पीली किरण
पहली अनछुई त्वचा उसके थोड़े से कोमल बाल
उसके पहले रोंयें उसकी मुट्ठी भर नग्नता
उसका हृदय तेज़ धड़कता हुआ
दूर से ही दिखता हुआ उसके रक्त संचार का रंग
संसार में फैलती हुई उसकी पहली गहरी साँस पहली चिड़िया
हाथ–पैर हिलाती उसकी पहली उड़ान

तुम अगर कोई जन्म ले सको तो तुम्हारे साथ भी होगा यह सब

2005

निर्जन दरवाज़ा

मैं रोज़ एक निर्जन में जाता था
जाकर उस निर्जन के दरवाज़े पर दस्तक देता था
कोई था नहीं घर के भीतर बाहर बस ताला था पड़ा हुआ
अँधेरे में वह एक विचित्र रूप अँधेरे का
मेरी आवाज़ उस बन्द बियाबानी के भीतर जाती थी
उसकी चीज़ों को छूती–सहलाती थी
हर जगह दर्ज आवाज़ की अँगुलियाँ–हथेलियाँ
आवाज़ की देह सब कुछ को आलिंगन में लेती
मैंने छुआ उस दरवाज़े को उसके ताले को कहा खोलो–खोलो
फिर सहसा घबराकर वापस आया
गोया यह कोई ग़लती थी
यों ही किसी वर्जित प्रदेश में चला गया था मैं
या निर्जन दरवाज़ों के पीछे कोई रहता है यह मेरा भ्रम था
लौटेंगे घर के लोग एक दिन घर में
ताला खोलेंगे पायेंगे दरवाज़े तक कोई आया था
भीतर भी चीजें नयी–नयी दिखती हैं धूल पुँछी हुई है
किसके रहने की आवाज़ यहाँ सुन पड़ती है।

2002

बस में वृद्ध

मदर डेयरी के पाँच रुपये दो कंडक्टर बोला उस बूढ़े से
मैं जिसकी बग़ल में आकर बैठा ही था
मेरे पास नहीं है पैसा कुछ इस तरह कहा बूढ़े ने
जैसे यह बात बहुत गर्व करने की हो
उसके स्वर में एक अभेद–सा स्वाभिमान था
जो बड़े–बड़े पैसेवालों के पास नहीं होता है
जिन्हें साहस का पुतला समझा जाता है

दिल्ली के उस बदज़ुबान बस वाले के मुँह से भी बोल न फूटे
वह झेंपता हुआ–सा चला गया आगे
शायद बूढ़े ने उसके भीतर कोई बात नयी पैदा कर दी हो
शायद यह दो बदहालों के मिलने का क्षण था
मैंने सोचा मेरे पास बचा है पैसा मैं उसका टिकट ख़रीदूँ
तो अच्छा हो जो अब भी निस्पृह बैठा था सबसे
सहसा मैं सहम गया
मेरी क्षुद्र मनुष्यता ने तब कितना अपमान किया होता
उस उम्रदराज़ महापुरुष का
जिसने कितने बरस बिताये होंगे इसी शहर में
जहाँ जीवन ही पूरा पैसे का खेल बना दिखता है
लोग यही कहते मिलते हैं उनके पास बहुत है पैसा

उतर गया मैं बस से अपनी जगह अँधेरे में
एक झलक देखा उस बूढ़े को जो कहीं और देखता था
मन–ही–मन कुछ देर झुका मैं अपने भीतर।

कॉलगर्ल

वे अकेले नहीं हमेशा समूह में पकड़ी जाती हैं
किसी बँगले या शानदार फ़्लैट से सामान की तरह
निकाली जाती हुई
टीवी अख़बार में एक झलक दिखने के बाद
वे लापता हो जाती हैं
उनकी कई सहेलियाँ शायद घूमती होंगी
राजधानी के व्यस्त बस स्टॉपों पर पहचान छिपाने के लिए
घर लौटती आम औरतों के बीच घुली–मिली हुईं
बताते हैं शहर में ऐसे कुछ एकान्त कोने हैं
जहाँ शाम होते ही वे प्रकट होती हैं
प्रतीक्षा और विकलता से भरी हू ब हू प्रेमिकाओं
सरीखी दिखती हैं

मैं देखना चाहता था एक बार उनमें से किसी का चेहरा
जो विवश होकर अपने को अपनी चुन्नियों में छिपा लेती हैं
लेकिन इतने वर्षों में दिखी नहीं कोई साक्षात् कॉलगर्ल
कभी–कभी दिखे बेधड़क अपने में डूबी खिलखिलाती
युवतियों के समूह
वे अपनी तरफ़ घूरते पुरुषों को आँख उठाकर भी नहीं
देखती थीं
एक शाम अँधेरे में अँधेरे जैसा ही एक युवती का चेहरा दिखा
किसी अवांछित से बचाव की भाषा में

उसने वक्ष पर बाँध लिये अपने दोनों हाथ
पता नहीं उसकी आँखों में क्या था कोई संशय या
इन्तज़ार या धिक्कार

और उन लड़कियों की कहानी भी किसे मालूम है
जो रोज़ दिखती हैं सड़कों नुक्कड़ों पर अपनी घबराहट
छिपाती हुई
या काम से लौटकर बसों में ऊँघती या आँखें मूँदे ध्यानस्थ
जिन्हें कभी दस भद्रजन घूरते या पाँच शोहदे छेड़ते हैं
पल भर वे क्रोध से देखती हैं उनकी तरफ़
फिर अन्यमनस्क आँखों को ले जाती हैं शून्य में कहीं बहुत दूर
या पक्षियों की तरह कोई आसन्न संकट भाँपकर
कुछ पहले ही उतर जाती हैं
तब उन पुरुषों की आँखों में देखो तो दिखता है एक
चमकदार प्रतिबिम्ब
जैसे उन्हें फिर से दिख गयी हो कोई कॉलगर्ल

पकड़ में जो आती हैं क्या वे सचमुच कॉलगर्ल होती हैं
यह उनके अलावा और कोई नहीं जान सकता
ऐसी साहस की पुतलियाँ अभी कहीं दिखती नहीं
जो यह कह सकें बेहिचक
और वे विज्ञापनी मॉडलें भूतपूर्व देहें जो अब मुजरिम
बनी हुई हैं
जिन्हें काम मिलना बन्द हो गया
अपनी बेरोज़गारी की वजहें भी वे अपने भीतर छिपाये रहती हैं
एक अश्लीलता उनके फ़ोटो में ही पा लेती है अपनी ख़ुराक

फिर भी होती होंगी कॉलगर्ल इस भीषण विराट शहर में
शायद उनका एक पूरा तन्त्र हो एक तहख़ाना

एक बहनापा हो उनका
स्त्रियों का शत्रु एक समाज चारों ओर ढूँढ़ता है एक कॉलगर्ल
अक्सर दिखते हैं लम्बी–चौड़ी कारों में घूमते सम्पन्न शोहदे
लड़कियों में कॉलगर्ल होने की सम्भावना खोजते हुए
उनके अभियान सफल ही रहते होंगे
उनका उपभोग करने के बाद अपने लिए बेकार जानकर
वे उन्हें पुलिस के हाथों सौंप देते होंगे
और ख़ुद सुर्ख़ियों में आने से पहले ही
अपनी गाड़ियों में चंपत हो जाते होंगे नये चरागाहों की ओर।

कवि और चिड़िया

क्या वह गली मोहल्ले क़स्बे का एक छोटा–मोटा बन्दूक़बाज़ है
जो बेरोज़गारी के इस दौर में शाम होते ही
झाड़ियों के पीछे छिपे किसी तीतर–बटेर की टोह में रहता है
दबे क़दम कुछ दूर जाकर साधता है निशाना
बन्दूक़ के छर्रे उड़ते हैं हवा में
वह जानता है हो चुका है उसकी एक शाम का जुगाड़
दबोचकर उसे हाथ में झुलाता सीधे चला आता है घर

या वह कोई पुराना पक्षी प्रेमी है
बाज़ार से ख़रीद लाता है छोटी रंगीन सुन्दर चिड़ियाँ
और उनका कलरव उन्हें सजाता अपनी बैठक में बालकनी पर
दूर से फुदकती दिखती हैं रंग–बिरंगी चिड़ियाँ उसके घर
पालता रहता है वह उन्हें उनसे वार्तालाप की कोशिश करता
वे उसके पिंजड़े में आकर हो जाती हैं चुप
उसकी नीरवता को वह बना देता कविता

या फिर वह न चिड़ीमार है न चिड़ियों का पालनहार
उनकी फ़िराक़ में नहीं रहता देखता है जब
ख़रीददार वे दिख जाती हैं
उनके पास जाने की कोशिश नहीं करता
बल्कि उस झाड़ी से कुछ दूर चला जाता है निःशब्द

जहाँ चिड़िया अपना दानापानी जुटाती या आराम
कर रही होती है
और जब वह उड़ती है अचानक तो वह ग्लानि से भर उठता है
जैसे वही हो इसका ज़िम्मेदार।

पैसा

बचपन में वह छोटे–से सिक्के की शक्ल में
चमकता था मैं उसे उछालता हुआ चलता था
सोचता वह हमारे पहाड़ पर पैदा होता है पत्थरों के आसपास
उसके बदले मिल जाती थी मूँगफली या इलायचीदाना
किसी नये स्वाद वाला लेमनजूस
यह जीवन में एक नयी आवाज़ थी एक नया खेल
एक दिन मैंने निगल लिया एक सिक्का
गले में अटक गया वह
मैं आह आह–ओह–ओह करता छटपटाया
घर के लोगों ने मेरी पीठ पर धौल जमाये तब
कहीं आया वह बाहर
यह पैसे से मेरे भय का पहला पड़ाव था
जब बड़ा हुआ तो दिखे सिक्कों के जमा होने और
खनखनाने के दृश्य
पैसों के गिने जाने दुगुने–तिगुने होने के रहस्यमय क्षण

इन दिनों पैसे का ही शिकार करते दिखते हैं लोग
यह हमारे युग का प्रमुख व्यवसाय है
बड़ी–बड़ी कारों के क़ाफ़िले दूर–दूर तक जाते हैं
नयी शिकारगाहों की टोह में उड़ान भरते हैं विमान
झिलमिल करतीं सोने की सभ्यताएँ तैरती नौकाएँ
रात के समुद्र में

पैसे पर सवार धर्माधीश की शोभायात्रा निकलती है
पैसे की खोज में
दिन भर लूटकर झपटकर जो लौटता है
वही खिलखिलाता है सुनाता चुटकुले
पैसे के ढेर पर बैठकर खिंचाता अपनी सबसे अच्छी तस्वीर

एक बार मैंने निकट से देखी दरिद्रता
निकाल कर देखे अलमारी से मेज़ की दराज़ से जेबों से
ढेर सारे मुड़े–तुड़े पुर्ज़े ख़ाली लिफ़ाफ़े पुरानी डायरियाँ
सब जगह दर्ज थीं संख्याएँ गुणनफल जोड़–घटाव
चिट्ठियों के धुँधले पड़ते अक्षरों पर बैठा था हिसाब
कविता पंक्तियों के अगल–बगल बीच में घुसे हुए थे अनेक शून्य
शब्दों को काटकर लिखी हुई संख्याएँ चक्रवृद्धि करती हुईं
कोई आदिम कीड़ा अण्डे छोड़ता चला गया था
मैं जितना क़र्ज़ चुकाता उतना घटाता घूम–फिर कर
उतना ही जोड़ आता
एक सीढ़ी से ऊपर चढ़ता एक साँप के मुँह से नीचे उतरता
मैंने देखा जो मेरा सबसे प्रिय था मेरा आत्मीय
उससे मैं माँगता था पैसा

पैसा बदल रहा है मनुष्य के विचार
पैसा बदल रहा है हमारा व्यवहार
आत्मा जब चूर–चूर होकर गिरती है तब दिखता है पैसा
खाल जब मोटी होने लगती है तब महसूस होता है पैसा
वह हमें चलाता है दौड़ाता है पीछा करता है
वह बार–बार एक चमचमाते स्वर्ग की ओर इशारा करता है
जिसकी रक्षा में तैनात हैं पैसे का बना हुआ एक ईश्वर
हमारा शत्रु वह अक्सर मौजूद रहता है हमारी जेब में।

धम

पिता को जब खाँसी का तेज़ दौरा पड़ा
तो माँ के भीतर से उभरा एक पुराना दर्द
उभर आयी पत्नी के दाँत की पुरानी तकलीफ़
बेटे को आया बुख़ार
बेटी की सिसकी हुई तेज़
इतने में बिजली चली गयी रसोई में गैस ख़त्म हुई
और फ़ोन जिसकी घण्टी देर से घनघन करती थी
आख़िरकार ढेर हुआ
बाक़ी बचा हुआ मैं
अँधेरे में गिरा धम से।

संवाद

समारोह संवाद है संवाद समारोह
किसका कौन सा समारोह
वह जो वहाँ हुआ नित्य प्रति ही जो होता है
वह जो होने को है कुछ अन्धकार कुछ प्रकाश में

आते थे उसमें सब लोग सजे–धजे–सँवरे
अपनी अच्छी पोशाकों में एक से रंगकर्म में
कुछ ऊपर और नीचे बैठे कुछ सबसे आगे
मंच पर जब प्रकाश था दर्शकदीर्घा में अन्धकार छा जाता
कई बार तो दिखता इसके बहुत उलट
जैसे ऊपर को गिरा दिया हो नीचे और नीचे को ऊपर
सब अलग–अलग कुछ कहते थे सुन पड़ता एक सरीखा कुछ
वह कभी शोक था कभी ख़ुशी का अवसर
जन्मदिवस या मौनसभा या अभिनन्दन
मृत्यु भी है किसी दूसरी दुनिया में एक विनोचन
यह जीवन और नाटक के बीच जगह है कोई

संकट के इस समय क्या नया कहें
सो उन्हीं पुरानी बातों से यादों से काम चलाते हैं
एक अनुष्ठान में परिक्रमा से सब आते हैं जाते हैं
तामझाम ज़्यादा है कुछ तो वह है दुख कम करने
की ही ख़ातिर

एक शोक में हुए इकट्ठे किसी ख़ुशी में तितर–बितर
सभी सोचते इसी तरह फिर
जब मौक़ा आयेगा अवश्य मिलेंगे
और मौक़े आते ही रहते हैं कभी–कभी तो प्रतिदिन
'ऐसा अमर अपार्थिव पूजन'।

(आख़िरी पंक्ति सुमित्रानन्दन पन्त की एक प्रसिद्ध कविता से साभार)

लोकगीत

जाना वहाँ जहाँ बहुत कुछ ढहता–धँसता आता हो
रहना वहाँ जहाँ बहुत दिनों से कोई रहा न हो
रहे हुओं की कुछ चीज़ें रहती हों इधर–उधर
मत जाना किसी अन्यायी धूर्त चतुर के घर
सजे–धजे कपड़ों वाले लालच के प्रेतों के पीछे
रस्ता एक दूसरा कर लेना
जब मेहनत–मज़दूरी का भी मोल न रह जाये
बोरिया–बिस्तर जो बचा–खुचा हो उसे उठा चल देना
कुछ देर बैठना
वहाँ जहाँ रस्ते में एक तुम्हारा परिचित पत्थर होगा
वहाँ छिपी हुई हवा आयेगी
तुम्हें देख कोई पौधा हिलता–डुलता होगा
इतना ही काफ़ी है आगे की आगे है
सो रहना
वहाँ जहाँ किसी दीवार की छाया पड़ती होगी जीवन पर।

माँ की स्मृति

तरह–तरह से होने वाली औरतों की मृत्यु के बावजूद
अन्त तक मैं यही सोचता था माँ कभी मरती नहीं है
कहीं नहीं जाती हद से हद गाँव में पड़ोस में गयी रहती है
या खेत और जंगल की ओर
जैसे चिड़ियाँ लौटती हैं शाम होते ही वह लौट आती है
हर जगह घर–वापसी से भरा होता है
माँओं का शाम का आसमान
कुछ साल बाद वह बीमार पड़ी और शहर आयी
जहाँ उसे बार–बार अस्पताल जाना पड़ा
तब भी वह कहती थी जल्दी घर लौटने की बात
शायद कभी वह जाती होगी अपने बचपन में
जो अब एक दूसरा ही लोक था
पता नहीं कब की विदा हो चुकीं अपनी माँ और दादी के पास
यह मैं कभी जान नहीं पाया हालाँकि वह अक्सर कहती थी
औरतों के होते हैं दो घर दो जन्म
दोनों में साथ–साथ रहना होता है–उन्हें मृत्यु तक
और अगले जन्मों में भी ईश्वर उन्हें बना देता है औरत
जब उसकी तकलीफ़ बढ़ जाती
जब उसे लगता जिस पृथ्वी पर वह हवा की तरह थी
वहाँ वह बोझ बनती जा रही है
तो वह किसी से क्षमायाचना करती दिखती

जब आख़िरकार वह इस संसार से जाने को हुई
वह बुलाना चाहती थी अपने बादलों खेतों और
पेड़ों को अपने पास
दौड़ी आयीं पाँचों उसकी बेटियाँ
कुछ देर वह देखती रही उनके चेहरों पर
अपने सूखे हुए खेत और ठूँठ होते पेड़
फिर उसने कुछ कहा जो कि ठीक से सुनाई नहीं पड़ा
कुछ कहो बताओ हमारे लिए कुछ कहो पूछते थे सब
वह बात अब संसार में कभी कही और सुनी नहीं जायेगी
उसके जाने पर हमने बाँट दिये उसके तमाम कपड़े
उसका बिस्तर तकिया शॉल चश्मा उसकी चप्पलें
उसकी दवाएँ फेंक दीं दाग–धब्बों से भरी चादरें बाहर कर दीं
कमरे में उसका एक भी सामान नहीं बचा

कितनी जल्दी उसे एक स्मृति एक पूर्वज बन जाना था
साल में एक बार फिर एक कर्मकाण्ड में याद आना था।

2003

शहर फिर से

इतने समय से तुम क्या खोजते हो इस शहर में
जहाँ एक धुँधली युवावस्था में तुम आये थे
पहाड़ से पत्थर की तरह लुढ़कते हुए
तुम्हें मिली एक ख़ाली जगह एक रात और
रात के लिए बिस्तर
यहीं तुम्हें दिखी अपनी स्पष्ट ग़रीबी यहीं मिला अपना अहंकार
तुम्हें परवाह नहीं थी यह कौन–सी सभ्यता है कौन–सा समय
वे किसकी रोशनियाँ हैं जो तुम्हारे आगे–पीछे चमकती रहती हैं
शहर की हर चीज़ में प्रवेश करना चाहते थे इसके रक्त में
उसकी रातों में जिसकी सड़कें कई हाथों से तुम्हें छूती थीं

और अब सुबह लगभग पुनर्जीवित होते हुए उठकर
तुम देखते हो
यह कोई दूसरी जगह हो दूसरा शहर
तुम्हारी सड़कें दूर धुँधली–सी दिखती हैं हवा में झूलती हुई
तुम्हारे चौराहे अदृश्य हो चुके
वे घर ज़मींदोज़ हुए जहाँ तुम चले आते
वे लोग भी उन पतों पर नहीं रहते जो तुम्हारी
डायरी में दर्ज हैं
फ़ोन नम्बर तमाम बदल गये इस बीच
लोगों ने बदल लिये अपने नाम
और जहाँ तुम एक शाश्वत आपाधापी में चलते हो

हाँफते सीढ़ियाँ चढ़ते–उतरते
अक्सर कुछ भूलते कुछ याद करते हो
किताबें दवाएँ और जो कुछ चमकता है उसे ख़रीदने
लपकते हुए
पैसे खोजने के लिए बार–बार अपनी जेबें टटोलते
जैसे बहुत देर हो गयी हो और समय निकला जा रहा हो
वह कोई और ही शहर है जहाँ तुम होना नहीं चाहते
फिर भी तुम्हें होना होता है इन सड़कों चौराहों और
नामों के अतीत में
सामने दिखती हुई तमाम चीज़ों के पिछवाड़े
जो कुछ ऊपर उठता और नीचे ढहता है उसके भूगर्भ में
आज और अभी इस तरह जैसे यह कोई पुरानी बात हो

और जब तुम एक दिन झोला–बिस्तर उठाकर यहाँ से
छूटने के लिए
निकलते हो तो पाते हो तुम्हारे और शहर के बीच कोई नहीं है
लोग जा चुके हैं सड़कें चौराहे सब कुछ एक स्थिर बिम्ब में
ठहरा हुआ है
हवा का एक झोंका आता है आसमान का एक हिस्सा
तुम्हारे चेहरे पर गिरता है दूर चमकता एक तारा
सहसा इतने पास आ जाता है जैसे वह शहर का ही प्रकाश हो
और तुम्हारा कोई पुराना स्वप्न इस तरह जीवित हो उठता है
कि तुम उसे छू सकते हो देर तक उसके साथ रह सकते हो
तब तुम सड़क के किनारे एक पत्थर पर बैठ जाते हो
और सोचते हो उस शहर में अब भी पहुँचा जा सकता है
जिसकी खोज में तुम यहाँ आये थे बहुत पहले
पत्थर की तरह लुढ़कते हुए।

2003

शान्तिनिकेतन रिपोर्ताज

जलरंग

एक अनन्तकाल था उस छोटे से विस्तार में
और भी कई तरह के काल थे गगनेंद्रनाथ रामकिंकर बैज
मास्टर मोशाय विनोद बिहारी मुखर्जी
सभी से झरती थी कम या ज़्यादा अपने–अपने काल की धूल
सिर्फ़ रवीन्द्रनाथ किसी तरह जीवित रखे गये थे
वे अब भी कहीं दिख सकते थे शान्तिनिकेतन बसाने के लिए
किसी से माँगते पृथ्वी का टुकड़ा एक अदद दीवार
एक पौधा एक झोंका हवा थोड़ा–सा आकाश

यहाँ आकर मनुष्यों के व्यवहार बदल जाते थे
वे हो जाते गँवई–गँवार संथाल बाउल
दुनिया को पागल बतलाते ख़ुद को कहते लालन फ़क़ीर
घर जाते–जाते एकाएक चले जाते जंगल की ओर
एक घूँट चाय पीकर निकल पड़ते बोलपुर
जहाँ सर्दी की धुन्ध को हटाती आती है ट्रेन की आवाज़

दूर एक मेला था आती थी एक बाउल बच्चे की पुकार
अरे उठाकर ले जाओ अपना यह काला संसार
तुमने हिंसा ही पैदा की नफ़रत ही फैलाई
हम यहाँ बड़े होने से करते हैं इनकार

सड़क पर मैदान में मिट्टी के अश्वमेध घोड़ों के बीच बैठे हुए
चाय पिलाते झाल–पूड़ी खिलाते
सर्दी में काँपती एक स्त्री को रिक्शे पर बिठाकर
घर पहुँचाते हुए लोगों का भी एक काल है
कुछ आगे चलो तो रामकिंकर के भुरभुराते शिल्पों में
तुम देख सकते हो काफ़ी समय से खड़ा है
इन्हीं लोगों का परिवार
कला भवन सोमनाथ होर की दीवार तक पहुँचते
हो जाती है रात
और फिर दिनभर के जलरंगों पर गिरती है तेज़ बरसात

हर चीज़ जो ढहती है
उसके नीचे ही छिपी होती है उसके होने की कथा
एक धूल जो यहीं जमी हुई है
और घूमती हुई हवा जो इसे छोड़कर कहीं नहीं जाती
दीमकें कई विशाल पेड़ों को धराशायी कर चुकी हैं
फिर भी दिखता रहता है एक पेड़ एक जंगल
उसकी ओर इशारा करते हुए लोग फिर से कहते हैं रवीन्द्रनाथ।

दिन में वन

दिन में देखो तो एक जंगल बीहड़ पार करना कठिन
रात में वह सिर्फ़ एक पेड़ बन जाता है
उसके भीतर एक रास्ता है
यह सप्तपर्णी है दिन में एक वन रात में एक वृक्ष।

पेड़

एक पेड़ था शिरीष का नीम का या छातिम का
पहले वही रहता था इस घर में
जैसे वही हो मूल निवासी गृहस्वामी
कई बार वह सूखा फिर हरा हुआ
बीमार पड़ा और पत्तों में छिपाता रहा अपने घाव
जब मरने को हुआ तो गया घर के बाहर

अभी तुम बैठे हुए सुस्ताते हो जिस ठूँठ पर
वह यही पेड़ है यह कभी ठाठ से रहता था घर के भीतर
अब एक और पेड़ अपने बीज गिरा रहा है उसके ऊपर।

पश्चिमपल्ली

पूर्वपल्ली में पूर्वपल्ली रहती है
उत्तरपल्ली में उत्तरपल्ली दक्षिणपल्ली में दक्षिणपल्ली
पश्चिमपल्ली कोई नाम नहीं है वहाँ कोई नहीं रहता
सूर्यास्त के लिए कोई जगह नहीं बनायी गयी
सूर्योदय के इस आकाश में
सिर्फ़ रात जब एक काले उत्तरीय की तरह गिरती है
तुम समूचे शान्तिनिकेतन को कह सकते हो पश्चिमपल्ली।

नाम

जो कुछ है उसके लिए सम्भव है एक नाम
तुम यहाँ अपना कोई नाम रख सकते हो
जिस पत्थर पर तुम अभी–अभी बैठे हो सुस्ताने के लिए
उसे कह सकते हो प्रशान्ति या पिपासा या फिर नष्टनीड़
वह तुम्हारा घर भी हो सकता है
और तब तुम पा लेते हो उस पर चिरकाल तक
बैठने का अधिकार।

इकतारा

तना हुआ एक तार है रात के बीचोबीच
ऊपर एक खूँटी जो अक्सर अदृश्य रहती है
और नीचे काठ का एक खोल जिस पर पूड़ लगी है
तार बजता है अँधेरे के आर–पार रोता गाता हुआ
जब जैसा उसका मन हो
बूढ़ा बाउल काठ के खोल में रखता है अपनी सम्पत्ति
सारा संगीत
भिक्षा में मिली हुई दया रुपये–पैसे
इसमें वह खाना रखता है इसी में खा लेता है

इस तार के चारों ओर सो रहे हैं उसके सभी बिरादर
बेचैनी के बिस्तर पर हँसी की रज़ाई ओढ़े काटते सर्द रात।

बाउल

ओ भाई बेला–कुबेला सब चली गयीं
सूर्य अस्त हो गया चन्द्रमा गिर पड़ा
रात का पानी हहराता आता है तुम्हारी नाव में
उसे उलीचते–उलीचते देखो कैसे बीत रहा तुम्हारा जीवन

ओ भाई देखो यह गोलमाल दुनियादारी
इस प्रीत के भीतर क्या है भय गुलामी झकमारी
कोई नहीं जानता प्रेम किसी को मिला नहीं मनेर मानुष
देखो सब किस तरह मरण की शरण में हैं जीवित

तुम भूल गये अपना जन्म कहाँ गया बचपन
अकेले में भी तुम्हारे रोओं में नहीं बची सिहरन
लालच के हाथ स्वार्थ के होंठ अनिद्रा सरदर्द
तुम्हारा मुँह चिढ़ा रहा तुम्हारा जीवन

रात एक नदी एक मैदान एक छाया एक दीवाल
एक काली चिट्ठी एक बुझा हुआ तारा अटका है पेड़ पर
कोई पूछने नहीं आता तुम्हारा हाल
खोये हुए मानुष–मानुषी अपने भीतर खोजो अपना घर

ओ माँ कच्ची हाँडी जैसा सुलगता है मेरा मन
एक भोली काया बनी हुई है आँसुओं का बिस्तर।

तस्वीर

कोई मुकम्मिल विहंगम तस्वीर नहीं
जितना खींचो उतना धुँधला दूर होता जाता है शान्तिनिकेतन
दिन की तमाम तस्वीरें खींची हुई लगती हैं रात को
उनमें भी हद से हद एक पुरानी इमारत एक दरवाज़ा झाड़ियाँ
हद से हद एक शिल्प जो हमेशा रात का आलिंगन
किये रहता है
तानपुरे को अपनी आत्मा की तरह सहेज कर
घर जाती हुई एक स्त्री केशों में छिपा हुआ उसका चेहरा

तुम यहाँ ग़लत समय पर आये
तुम्हें बहुत पहले आना चाहिए था
या फिर पिछले दोलोत्सव में तुम आये होते
जब एक विशाल खुले हुए दरवाज़े की तरह थी यह जगह
तब तुम इस तरह एक फ़ालतू चीज़ की तरह नहीं भटकते
अपने स्वार्थ और लालच को छिपाये हुए
बीत जाता तुम्हारा समय
तब एक बड़ी–सी तस्वीर में प्रवेश करने के बारे में सोचते हुए

लौटते हुए तुम ख़रीदते हो बासी पिक्चर पोस्टकार्ड
जो दुकानों में खिंचे हुए रखे हैं पता नहीं कब से।

यह जगह

यह दिसम्बर है छुट्टियों के दिन
बन्द है रवीन्द्रनाथ का घर पाठ और प्रार्थना भवन
हारमोनियम पर अपने बेटे के साथ अजय राय गाते हैं
पुराने स्वप्न
मंजुरानी सिंह दिखलाती हैं नन्दलाल बसु के भित्तिचित्रों से
झरता पीलापन
रामकिंकर के विशाल शिल्प से गिरा हुआ एक टुकड़ा
सो रहा है सूखे पत्तों के बिस्तर पर
लोग कहते हैं टूट रहा है शान्तिनिकेतन
जगह–जगह लग रहे हैं कँटीले तार
चहारदीवारियाँ उठती हैं गिर रहा है पलस्तर

जब पहली कारें आयीं तभी से टूटने लगी यह जगह
जब नयी काट के जूते आये जब धूल उड़ी और घास रौंदी गयी
ग़रीबी एक पुरानी पीली साड़ी लाल मिट्टी पर उड़ती हुई

शाम होते ही मुरझाते हैं दिनभर के फूल
शाम होते ही हो जाते हैं दिनभर के दरवाज़े बन्द
और जहाँ–जहाँ ताले लगे हुए दिखते हैं
वहाँ तो समझिए इसे लगभग नष्ट।

2004

□□